De l'école occitane à l'enseignement public :
vécu et représentations sociolinguistiques

Sociolinguistique

Collection dirigée par Henri Boyer

La Collection *Sociolinguistique* se veut un lieu exigeant d'expression et de confrontation des diverses recherches en sciences du langage ou dans les champs disciplinaires connexes qui, en France et ailleurs, contribuent à l'intelligence de l'exercice des langues en société : qu'elles traitent de la variation ou de la pluralité linguistiques et donc des mécanismes de valorisation et de stigmatisation des formes linguistiques et des idiomes en présence (dans les faits et dans les imaginaires collectifs), qu'elles analysent des interventions glottopolitiques ou encore qu'elles interrogent la dimension sociopragmatique de l'activité de langage, orale ou scripturale, ordinaire, médiatique ou même «littéraire».
Donc une collection largement ouverte à la diversité des terrains, des objets, des méthodologies. Et, bien entendu, des sensibilités.

Déjà parus

Josette VIRASOLVIT, *La dynamique des représentations sociolinguistiques en contexte plurilingue*, 2005.
Patrick CHARAUDEAU (dir.), *La voix cachée du tiers*, 2004.
Ksenija DJORDJEVIĆ, *Configuration sociolinguistique, nationalisme et politique linguistique : le cas de la Voïvodine, hier et aujourd'hui*, 2004.
Henri BOYER (Éditeur), *Langues et contacts de langues dans l'aire méditerranéenne,* 2004.
A. BOURDEAU, L. DUBOIS, J. MAURAIS, G. MCCONNEL, *Colloque international sur l'Ecologie des langues,* 2003.
H. BOYER et CH. LARARGE (dir.), *L'Espagne et ses langues : un modèle écolinguistique ?*, 2002.
C LAGARDE, *Des écritures « bilingues ». Sociolinguistique et littérature*, 2001.
H. BOYER et P. GARDY (coord.), *Dix siècles d'usages et d'images de l'occitan : des troubadours à l'internet*, 2001.
P. DUMONT, *L'enquête sociolinguistique*, 1999.
L. FERNANDEZ, *L'Espagne à la Une du Monde (1969-1985).*
M. GASQUET-CYRUS et alli, *Paroles et musiques à Marseille. Les voix d'une ville,* 1999.
M. C. ALEN GARABATO, *Quand le « patois » était politiquement utile...*, 1999.

Sous la direction de
Henri BOYER

De l'école occitane à l'enseignement public : vécu et représentations sociolinguistiques

Une enquête auprès d'un groupe d'ex-calandrons

L'Harmattan
5-7, rue de l'École-Polytechnique ; 75005 Paris
FRANCE

L'Harmattan Hongrie
Könyvesbolt
Kossuth L. u. 14-16
1053 Budapest

Espace L'Harmattan Kinshasa
Fac..des Sc. Sociales, Pol. et
Adm. ; BP243, KIN XI
Université de Kinshasa – RDC

L'Harmattan Italia
Via Degli Artisti, 15
10124 Torino
ITALIE

L'Harmattan Burkina Faso
1200 logements villa 96
12B2260
Ouagadougou 12

LES AUTEURS

Carmen ALEN GARABATO, maître de conférences (Univ. Montpellier III)

Patrice BACCOU, directeur des *Calandretas* de Béziers

Henri BOYER, professeur (Univ. Montpellier III)

Michel-Louis ROUQUETTE, professeur (Univ. Paris-Descartes)

www.librairieharmattan.com
Harmattan1@wanadoo.fr
diffusion.harmattan@wanadoo.fr

ISBN : 2-7475-9885-3

EAN : 9782747598859

INTRODUCTION

Henri Boyer

L'enquête présentée dans cet ouvrage a été réalisée dans le cadre des activités de l'*Atelier de Recherche en Sociolinguistique et d'Étude des Représentations* (ARSER, composante du Laboratoire DIPRALANG / EA 739-Université Montpellier III) et en réponse à l'*Appel à propositions 2000* de l'Observatoire des pratiques linguistiques (Délégation Générale à la Langue Française et aux Langues de France)[1]. Il s'agit d'une micro-enquête par entretiens semi-directifs auprès d'un groupe de jeunes gens (ayant terminé leurs études secondaires) qui avaient été scolarisés dans l'une des premières *Calandretas*[2], créée en 1979 (école maternelle, puis primaire) : celle de Béziers.

Les Écoles *Calandreta* (regroupées au sein de Fédérations et d'une Confédération) sont, on le sait, des écoles associatives et laïques (aujourd'hui contractualisées), qui, à l'instar des "Ikastolas" du Pays Basque et des "Diwans" de Bretagne sont issues d'un projet militant culturel (ici occitaniste), d'apprentissage précoce d'une langue minoritaire, en l'occurrence l'occitan (*Calandreta* se veut "une école publique occitane ") mais aussi éducatif (à partir de la mise en œuvre de la pédagogie Freinet) et émancipateur : "*Calandreta* a comme premier souci l'enfant . Elle le respecte et veut faire naître et croître sa liberté, son originalité, sa créativité [. . .]. Elle veut faire des hommes et des femmes capables de se prendre en charge, de vivre en société et

---

[1] Elle a reçu un soutien financier de la DGLFLF (ainsi que du Laboratoire DIPRALANG et du Conseil Scientifique de l'Université Montpellier III)

[2] On sait que "calandreta" en occitan signifie *petite alouette* ou *jeune apprenti.* Les élèves des *Calandretas* sont en langue d'oc des *calandrons.*

non de simples robots destinés à se taire, à obéir et à produire en écrasant l'autre pour mieux réussir que lui" (extrait d'un document diffusé lors de l'Assemblée Générale des *Calandretas* de janvier 1981).

Ces écoles d'un autre type, pratiquant l'immersion en occitan et qui visent un *bilinguisme précoce* (français-occitan) ont su s'implanter dans certaines villes de l'espace linguistique occitan, majoritairement en Languedoc et en Béarn, et leurs effectifs n'ont cessé de progresser: ils sont passés de 66 *calandrons* en 1982 à 2125 à la rentrée 2005. [3]

Pour ce qui concerne la dimension proprement sociolinguistique du projet pédagogique, qui intéressait au premier chef notre recherche, elle ne manque pas d'apparaître paradoxale. En effet, l'occitan, langue *d'enseignement* à l'école *Calandreta,* n'est pas (n'est plus) dans ce cas la langue de la rue, de la communication sociale, ni même le plus souvent de la famille : la transmission familiale de l'occitan s'est arrêtée massivement depuis le milieu du XXe siècle (Boyer 1999, Boyer et Gardy coords 2001 et Héran, Filhon et Deprez 2002[4])

Les *Calandretas* représentent un phénomène socio-culturel d'une portée limitée (du point de vue strictement quantitatif) mais qui d'une part, on l'a dit, n'a cessé de se développer et qui d'autre part ne peut laisser indifférente la réflexion sociolinguistique sur les situations plus ou moins ouvertement conflictuelles de contact de langues et la didactologie des langues-cultures minoritaires et/ou minorisées

---

[3] Aujourd'hui la Confédération des *Calandretas* regroupe sur l'ensemble de l'espace occitan 41 écoles et 2 collèges. L'hebdomadaire occitan *La Setmana* publie à chaque rentrée les chiffres des effectifs des *Calandretas* par régions

[4] L'enquête "Famille" réalisée par l'INSEE avec le concours de l'INED, à l'occasion du recensement de la population de 1999, a permis d'accéder par l'introduction d'une série de questions spécifiques à propos de la "transmission familiale des langues et des parlers" à des informations sur les pratiques linguistiques actuelles en France, l'état du plurilinguisme et son avenir. A propos de l'état du plurilinguisme *hérité*, le verdict (attendu) est clair et sans appel : "la part de la francophonie monolingue ne cesse de progresser depuis cent ans" et "la rupture [de transmission] est surtout fréquente pour les langues régionales"; "à la différence des langues étrangères, la plupart des langues régionales ont été transmises seulement de façon occasionnelle, en accompagnement du français, et plus souvent par un seul parent" (Héran, Filhon, Deprez 2002 : 2-3)

(territorialisées) (voir par ex Boyer 1991, Alén Garabato 2003). Il s'agissait également pour nous d'apprécier un phénomène qui avait été très peu étudié du point de vue sociolinguistique (voir cependant Dompmartin-Normand 2002 et 2003). Un phénomène par ailleurs controversé : ainsi pour Robert Lafont (1984 : 32), "le paradoxe des écoles maternelles en langues ethniques, c'est que légitimes selon une analyse de situation antérieure, celle où ces langues occupaient presque tout l'espace social, elles perdent leur légitimité psycho-pédagogique dans le retournement de ces situations, c'est-à-dire au moment même où on les ouvre "; cependant le même Robert Lafont corrigeait son point de vue dix ans plus tard : "J'ai pu faire il y a dix ans quelques réserves sur les *Calandretas*. Je ne les ferais plus. A la projection dans l'école d'un terrorisme militant qui faisait craindre pour le sujet enfantin l'équivalent des ravages qu'y fit l'institution scolaire française, ont succédé un bilinguisme aéré et une valeur pédagogique unanimement reconnue. Ainsi peut être construit un réseau encore très clairsemé, statistiquement négligeable, mais qualitativement signifiant de sujets occitans authentiques" (Lafont 1994 : 147-148). On verra que le "terrorisme militant" dénoncé par R. Lafont ne semble pas avoir trop sévi au sein d'une *Calandreta* pourtant pionnière comme celle de Béziers et qu'on peut s'interroger sur la réalité de la construction d'un "réseau [...] qualitativement signifiant de sujets occitans authentiques ".

Plusieurs enquêtes (voir Behling 1997 et Boyer 1999 : 151) ont montré que la motivation des parents qui inscrivaient leurs enfants en *Calandreta* n'était pas uniquement d'ordre militant (culturel-linguistique-identitaire) mais également (et parfois essentiellement) d'ordre pédagogique (bienfaits attendus du bilinguisme précoce, d'une pédagogie active et avec des effectifs réduits, etc.) et également "écologique" pourrait-on dire, liée à une volonté d'ancrage dans la Région.

Pour ce qui concerne les conditions (qui bien évidemment ne sont plus exactement les mêmes aujourd'hui) dans lesquelles s'est déroulée la scolarité des enquêtés, appartenant aux toutes premières générations de *calandrons*, il convient de souligner, selon l'un des acteurs principaux de la première *Calandreta* biterroise, que d'une part durant la maternelle et le tout début du primaire les enfants étaient accueillis en *classe unique* (tous niveaux confondus) et que d'autre part les parents d'élèves étaient alors très impliqués dans la gestion quotidienne de l' école (d'où un fonctionnement "familial").

* *
*

L'enquête dont nous proposons un premier traitement constitue donc bien évidemment une approche micro-sociolinguistique d'un cas particulier de situation de contact de langues : celui où deux langues sont présentes dans un même espace scolaire, mais deux langues aux statuts sociolinguistiques très contrastés : face à une langue d'État, langue de communication internationale : le français, une langue minoritaire, qui plus est dominée et donc minorisée, en voie de substitution : l'occitan. Cette situation originale a fait par ailleurs l'objet de très nombreuses approches macro-sociolinguistique d'un point de vue synchronique (par ex. Boyer 1991 pour un essai de synthèse et également Boyer 1999) comme d'un point de vue diachronique (par ex. Gardy et Lafont 1981, Boyer et Gardy coords 2001) qui visaient la configuration sociolinguistique de l'espace occitan au sein de la société française ou encore la dynamique du conflit diglossique qu' a vécu ce même espace sur la longue durée et l'inexorable extinction de l'occitanophonie depuis un demi-siècle (avec l'émergence d'un interlecte : le *francitan*). La micro-enquête par entretiens dont rend compte cet ouvrage concerne une population limitée d'individus partageant un vécu scolaire et un apprentissage linguistique. Cependant il y a bien au-delà de cette population une perspective de réseau : celui de la première *Calandreta* de Béziers (élèves, parents d'élèves, maîtres) et au-delà celui d'une communauté occitanophone, dont il faut bien postuler un état d'hétérogénéité et de dispersion critique, car il s'agit d'une communauté faite de locuteurs de naissance, âgés et ruraux (ce que montrent aussi bien les macro-enquêtes quantitatives[5] que des micro-enquêtes réalisées à l'intérieur de familles) et de néo-locuteurs jeunes et urbains. Une communauté

---

[5] Voir les enquêtes de MEDIA PLURIEL MEDITERRANNEE réalisées en Languedoc et en Aquitaine (1991 et 1997) (Boyer et Gardy coords 2001 : 333-334) et l'Enquête INSEE-INED dont il a été question plus haut.

donc à la fois agonisante et largement virtuelle : une communauté en définitive introuvable dans les attendus de la sociolinguistique labovienne (Labov 1976) car faite de deux ensembles de locuteurs ne partageant ni les mêmes usages de la langue, ni les mêmes images et normes de cette même langue. L'un des objectifs de notre enquête était bien d'apprécier, avec prudence évidemment, les incidences possibles d'une entreprise éducative comme celle des *Calandretas* sur le devenir de la communauté en question.

Je situerai ainsi, dans le cadrage méthodologique ci-dessous, le projet de connaissance spécifique auquel notre enquête a voulu contribuer :

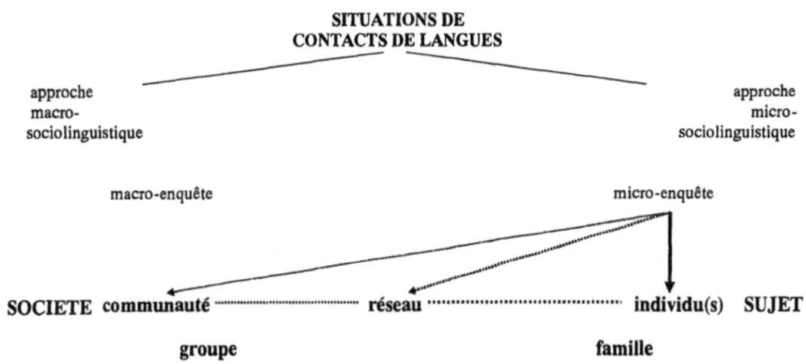

* *

*

Le point de départ de cette enquête s'est situé lors du Congrès confédéral des *Calandretas* qui s'est tenu à Béziers les 28 et 29 octobre 1999 et qui célébrait les vingt ans des écoles occitanes de Béziers et de Pau. Les ex-*calandrons* présents à cette manifestation ont été invités à remplir une fiche d'identification et d'acceptation d'entretien, précisant coordonnées et disponibilités en vue d'un contact à venir. La même fiche a été envoyée à des ex-*calandrons* absents de la manifestation.

Le questionnement qui a présidé au recueil de discours et qui a été discuté au sein d'un groupe pluridisciplinaire[6], peut être ainsi résumé[7] :

Que disent de leur vécu scolaire (et extra-scolaire) des jeunes gens (qui lors de l'entretien avaient terminé leurs études secondaires) ayant été scolarisés en maternelle et en primaire au sein de la Calandreta de Béziers et ayant intégré l'enseignement public à partir de la classe de sixième? Comment ont-ils vécu "l'après-Calandreta" ? Quels rapports avec la langue occitane entretiennent-ils aujourd'hui ? Quelles(s) représentation(s) ont-ils de cette langue? Qu'en a-t-il été et qu'en est-il de leurs relations aux autres langues, en particulier les langues romanes ?

Les entretiens obtenus (en définitive 17 dont 14 exploitables sur la vingtaine sollicitée, dont quatre seulement[8] sont reproduits en deuxième partie de cet ouvrage), à teneur autobiographique et à dominante épilinguistique (voir Deprez 1994 et 1997) étaient donc focalisés sur le vécu scolaire (mais aussi extrascolaire) et les *représentations* linguistiques des ex-*calandrons*. Ils ont été réalisés durant le premier semestre 2000 par un tandem d'enquêtrices. La composition de ce tandem était stratégique : l'une des enquêtrices (E2 dans les transcriptions), était elle-même future enseignante de *Calandreta* et parlait donc l'occitan, l'autre (E1 dans les transcriptions), avait suivi un cursus de (socio)linguistique et de didactique des langues-cultures à l'Université Montpellier III[9]. Les transcriptions ont été effectuées par C. Alén Garabato, H. Boyer et E1. On a opté pour un système de transcription économe, qui, tout en donnant accès à des informations intéressant une analyse de discours de nature

---

[6] composé de : Carmen Alén Garabato (linguistique romane-occitan ; Université Montpellier III); Patrice Baccou, directeur des *Calandretas* de Béziers ; Henri Boyer, (sociolinguistique, didactologie des langues-cultures ; Université Montpellier III) ; Michel-Louis Rouquette, (psychologie sociale ; Université de Paris V)

[7] On propose en Annexe I de cette Présentation le canevas pour les entretiens (discuté avec les enquêtrices) qui développe ce questionnement.

[8] Seule la nécessité d'alléger le volume de cet ouvrage dans le souci de réduire son prix de vente en librairie a ainsi imposé un choix difficile : les quatre entretiens retenus constituent cependant un échantillon (relativement) représentatif, qui ménage l'exemplarité. Cette contrainte a conduit par ailleurs à citer abondamment les entretiens dans l'analyse sociolinguistique proposée par C. Alén Garabato et H. Boyer en Première partie.

[9] Sur la pertinence méthodologique d'un tandem bi ou trilingue pour la réalisation d'entretiens d'enquête en contexte plurilingue, voir Alén Garabato et Boyer 2005.

sociolinguistique ne rende pas difficile une lecture "ordinaire" :

- X, XX : mot ou groupe de mots inaudibles(s), non-compris par les transcripteurs;
- syllabe ou mot en majuscules : intensité particulière ;
- /, //, /// (voire ////, /////) : pause plus ou moins longue ;
- ? : intonation interrogative ;
- [rire] : commentaire/information du transcripteur concernant un fait, un comportement non-verbal.
- Les guillemets sont utilisés pour signaler le discours rapporté
- Par ailleurs, afin de mettre en évidence pour le lecteur l'alternance des langues nous avons utilisé l'italique pour l'occitan et le style de police courant pour le français

* *

*

Cette recherche n'a pu être menée à bien que parce que les responsables des *Calandretas* étaient eux-mêmes parfaitement convaincus de la nécessité d'études concernant la scolarisation des *calandrons*, après vingt ans d'existence des "écoles associatives laïques bilingues" et ont accepté la réalisation d'une enquête telle que nous la proposions. Sans l'appui institutionnel, en particulier sans l'intervention de Patrice Baccou, directeur des *Calandretas* de Béziers, qui a assuré le contact avec les ex-*calandrons* interviewés, l'enquête n'aurait pu être conduite dans les mêmes termes et avec la même facilité. On pourra observer que cette implication n'a hypothéqué en rien le recueil de discours.

L'enquête a donc été conduite sans difficulté majeure, pour ce qui concerne le déroulement des entretiens tel qu'il avait été envisagé (la durée de ces entretiens se situe entre vingt minutes minimum et une heure un quart maximum). La répartition des rôles entre les deux enquêtrices (dont les identités "fonctionnelles" étaient clairement déclinées lors de la prise de rendez-vous par téléphone et rappelées également en début d'entretien), en particulier, a de mieux en mieux fonctionné, au fur et à mesure que le tandem consolidait son expérience en la matière. Les enquêté(e)s ont d'une manière générale été ravi(e)s de participer à l'enquête, même s'ils/si elles "étaient assez tendu(e)s" au départ, selon l'appréciation des enquêtrices : d'une manière générale ils/elles "[l'ont] fait pour les *Calandretas*", en rendant hommage à leurs maîtres.

Si les conditions de recueil des entretiens nous semblent parfaitement acceptables, il s'agit bien d'un *échantillon* de *volontaires* (certes 14 sur une vingtaine...), qui ne peut prétendre à une quelconque représentativité par rapport à l'ensemble des *Calandretas*. Il conviendrait évidemment de croiser ces résultats (partiels) avec d'autres enquêtes réalisées en d'autres lieux d'implantation de *Calandretas* et auprès de populations scolarisées plus récemment dans ces mêmes écoles. Malgré ces réserves, et compte tenu de l'homogénéité des réponses fournies, on avancera quelques réflexions et hypothèses dans les textes qui suivent. L'un, celui de C. Alén Garabato et H. Boyer, interroge le corpus d'entretiens selon des orientations sociolinguistiques intéressées par les situations de conflit de langues ; un autre, celui de P. Baccou, apporte l'éclairage d'un acteur pédagogique de premier plan mais aussi partie prenante de l'enquête ; un troisième enfin, celui de M.-L. Rouquette, propose un diagnostic psychosociologique qui concerne l'entreprise même des *Calandretas*. Ces commentaires et réflexions n'ont évidemment pas la prétention d'épuiser le traitement de notre corpus. A n'en pas douter, il devra être poursuivi et les commentaires et réflexions qu'on propose ici, prolongés et élargis.

Nous présentons, en Annexe II de cette Introduction, les fiches d'identification des enquêtés. Le codage retenu est simple : après le C de "*calandron*" figure l'identification sexuelle de l'enquêté(e) (h ou f) puis un chiffre (de 1 à 7 pour les filles comme pour les garçons). Par ailleurs on a dissimulé l'identité du maître et des maîtresses ("regent" et "regenta" en occitan) de la *Calandreta* cité(e)s dans les entretiens : on trouvera ainsi Rh lorsqu'il s'agit du maître et Rf1, Rf2... lorsqu'il s'agit de l'une des maîtresses. De même les noms des personnes extérieures à l'enseignement citées par les ex-*calandrons* ont été réduits à une initiale. Quant aux enquêtrices on se souvient qu'elles sont codées E1 et E2.

Références bibliographiques

ALÉN GARABATO C. (2003), "A propos de quelques indices sociolinguistiques de la vitalité de l'occitan à la fin du XXe s. et au début du XXIe. siècle" , *Colloque International sur l'écologie des langues*, A. Boudreau, L. Dubois. , J. Maurais, G. McConnell éds. , Paris, L'Harmattan.

ALÉN GARABATO C. et H. BOYER (2005), "Jeunes galiciens entre deux pays et trois langues", *Mobilités et contacts de langues*, C. Van Den Avenne éd., Paris, L'Harmattan.

BACCOU P. (2001), "L'enseignement en occitan. Les écoles Calandretas", dans *Dix siècles d'usages et d'images de l'occitan. Des Troubadours à l'Internet*, H. Boyer et Ph. Gardy coords, Paris, L'Harmattan.

BEHLING G. (1997), "La transmission de la langue et de la culture occitanes", *Lengas* n° 41.

BOYER H. (1991), *Langues en conflit*, Paris, L'Harmattan.

BOYER H. (1999), "Regards sur la situation sociolinguistique de l'espace occitan", *Plurilinguismes* n° 17

BOYER H. et GARDY Ph. (coords) (2001), *Dix siècles d'usages et d'images de l'occitan. Des Troubadours à l'Internet*, Paris, L'Harmattan.

BOYER H. et ALÉN GARABATO C. (2004), "*Occitan, patois, provençal*... dans l'enquête "Famille" de l'INSEE-INED (1999) : les dénominations de la langue d'Oc", *Lengas* n° 56.

DEPREZ Ch. (1994), *Les enfants bilingues : langues et familles*, Paris, Didier-CREDIF.

DEPREZ Ch. (1997), "L'apprenant et ses langues : représentations métalinguistiques dans les entretiens autobiographiques", *Notions en questions* n° 2.

DOMPMARTIN-NORMAND Ch. (2002), "Collégiens issus de *Calandreta* : quelles représentations de l'occitan ?", *Langage et Société* n° 101.

DOMPMARTIN-NORMAND Ch. (2003), "Ex-calandrons au collège : quelle évolution pour les représentations sur la langue régionale et la motivation pour l'apprendre ?", dans *Contacts de langues. Modèles, typologies, interventions*, J. Billiez dir., Paris, L'Harmattan.

HÉRAN F., FILHON A., DEPREZ Ch., (2002), "La dynamique des langues en France au fil du XXe siècle", *Population et Sociétés* n° 376.

LAFONT R. (1984) "Pour retrousser la diglossie", *Lengas* n° 15.

LAFONT R. (1994), "In memoriam temporis acti et occitanae loquelae", *Lengas* n° 36.

ANNEXE I

CANEVAS POUR LES ENTRETIENS

0 - Après les remerciements et le rappel du cadre institutionnel de l'enquête (conduite sous la responsabilité scientifique d'un groupe d'enseignants-chercheurs, émanation pour l'essentiel d'un Laboratoire de l'Université Paul-Valéry: ARSer-DIPRALANG), demander à l'enquêté(e) pourquoi il/elle a accepté l'entretien.

1-Le vécu sociolinguistique : faire parler de/raconter sa vie avec les deux langues: occitan et français:

-Après le départ de la Calandreta : Le premier contact avec l'école publique française (souvenir de la première rentrée au collège? attitude des professeurs? du professeur de français en particulier?) Qu'est-ce qui a le plus étonné l'enquêté(e) dans le nouveau cadre pédagogique? A-t-il/elle éprouvé des difficultés particulières en français : grammaire, vocabulaire, orthographe...?

-Ce qui a été positif/négatif dans la scolarité en Calandreta: La vie d'écolier à la *Calandreta*: les classes, l'ambiance, la relation maître-élèves... ? Quel souvenir global reste-t-il aujourd'hui à l'enquêté(e)? Avec le recul, comment pense-t-il/elle qu'on devrait améliorer la *Calandreta*?

-Usages de l'occitan hors de la classe, hors de la Calandreta: Dans la cour, que parlait-on entre élèves? En dehors de la *Calandreta*, où l'enquêté(e) parlait-il/elle l'occitan: avec les autres élèves de la *Calandreta*? en famille: parents, grands parents...? Dans d'autres situations?

-Usages de l'occitan après le départ de la Calandreta: L'enquêté(e) a-t-il/elle continué à apprendre l'occitan, au collège? Au lycée (Bac?)? A l'Université? A-t-il/elle continué à parler l'occitan et avec qui?

-Usages de l'occitan aujourd'hui: Avec qui? Dans quelles circonstances? L'enquêté(e) lit-il/elle de l'occitan? S'intéresse-t-il/elle à la culture occitane (théâtre, chanson, littérature...)? Lui arrive-t-il

d'utiliser l'occitan avec des non-occitanophones? Si oui, dans quelle(s) circonstance(s)?

-L'enquêté(e) considère-t-il. /elle qu'il/elle parle (encore) bien l'occitan?

2-Le rapport aux langues (vivantes étrangères):

-Autre(s) langue(s) apprise(s) au cours de la scolarité (ou hors de la scolarité)? Comment s'est passé/se sont passés cet/ces apprentissage(s) (faciles?difficiles?)? Avec une/des langue(s) comme l'anglais, l'allemand...? Avec une/des langue(s) comme l'espagnol, l'italien...? L'enquêté(e) considère-t-il/elle qu'il/elle parle bien/très bien cette/ces langue(s)?

-L'enquêté(e) pense-t-il/elle que son passage en Calandreta l'a aidé à apprendre facilement une/d'autres langue(s)?

3- Représentations de l'occitan:

-Qu'est-ce que l'occitan, pour l'enquêté(e), aujourd'hui?

-Donner (et classer) cinq ou six bonnes raisons pour apprendre l'occitan

comme par exemple:

C'est (encore?) la langue de la Région, même si on la parle surtout en milieu rural

C'est une langue vivante comme une autre

C'est bon d'apprendre de manière précoce une autre langue que le français

L'occitan est la langue de mes racines, celle que parle/ que parlaient mes parents/mes grands parents

... (faire compléter)

-Certaines personnes continuent d'appeler l'occitan "patois": qu'en pense l'enquêté(e)?

Pour chaque rencontre les enquêtrices devaient remplir une fiche de présentation de l'entretien (date, lieu, durée, cadre et commentaires sur le déroulement).

ANNEXE II

FICHES D'IDENTIFICATION DES ENQUÊTÉ(E)S

CODE :	**Cf1**
Sexe :	F
Année de naissance :	1980
Lieu de naissance :	Béziers
Métier des parents :	Kinésithérapeute / artisan
Situation (scolaire/universitaire, professionnelle) actuelle :	IUT Gestion des entreprises et administration
Scolarité en *Calandreta* :	
Lieu :	Béziers
Dates :	1982-1991
Classes suivies :	de la maternelle au CM2
Études suivies après la *Calandreta* :	Collège, lycée, IUT
Lieu de l'entretien :	*Calandreta* (Béziers)
Durée de l'entretien (en minutes):	43'

CODE :	**Ch1**
Sexe :	H
Année de naissance :	1979
Lieu de naissance :	Béziers
Métier des parents :	Kinésithérapeute / artisan
Situation (scolaire/ universitaire, professionnelle) actuelle :	Maîtrise de chimie
Scolarité en *Calandreta* :	
Lieu :	Béziers
Dates :	1981-1989
Classes suivies :	de la maternelle au CM2
Études suivies après la *Calandreta* :	Collège, lycée, IUT, université
Lieu de l'entretien :	Café
Durée de l'entretien (en minutes):	63'

CODE :	Cf2
Sexe :	F
Année de naissance :	1981
Lieu de naissance :	Béziers
Métier des parents :	Kinésithérapeute / artisan
Situation (scolaire/universitaire, professionnelle) actuelle :	Terminale, Lycée
Scolarité en *Calandreta* :	
Lieu :	Béziers
Dates :	1983-1992
Classes suivies :	de la maternelle au CM2
Études suivies après la *Calandreta* :	Collège, Lycée
Lieu de l'entretien :	*Calandreta* (Béziers)
Durée de l'entretien (en minutes):	26'

CODE :	Ch2
Sexe :	H
Année de naissance :	1980
Lieu de naissance :	Béziers
Métier des parents :	Médecin / médecin
Situation (scolaire/universitaire, professionnelle) actuelle :	Licence de Mathématiques
Scolarité en *Calandreta* :	
Lieu :	Béziers
Dates :	1982-1991
Classes suivies :	de la maternelle au CM2
Études suivies après la *Calandreta* :	Collège, Lycée, Université
Lieu de l'entretien :	*Calandreta* (Montpellier)
Durée de l'entretien (en minutes):	75'

CODE :	**Cf3**
Sexe :	F
Année de naissance :	1982
Lieu de naissance :	Béziers
Métier des parents :	commerçants
Situation (scolaire/universitaire, professionnelle) actuelle :	Études de Sociologie à l'Université
Scolarité en *Calandreta* :	
Lieu :	Béziers
Dates :	1989-1993
Classes suivies :	du CE1 au CM2
Études suivies après la *Calandreta* :	Collège, Lycée
Lieu de l'entretien :	Café
Durée de l'entretien (en minutes):	45'

CODE :	**Ch3**
Sexe :	H
Année de naissance :	1978
Lieu de naissance :	Montpellier
Métier des parents	œnologue / formatrice GRETA
Situation (scolaire/universitaire, professionnelle) actuelle :	BTS Viticulture Œnologie
Scolarité en *Calandreta* :	
Lieu :	Béziers
Dates :	1981-1989
Classes suivies :	de la maternelle au CM2
Études suivies après la *Calandreta* :	Collège, Lycée
Lieu de l'entretien :	*Calandreta* (Montpellier)
Durée de l'entretien (en minutes):	64'

CODE :	**Cf4**
Sexe :	F
Année de naissance :	1985
Lieu de naissance :	Béziers
Métier des parents :	employé de banque / médecin
Situation (scolaire/universitaire, professionnelle) actuelle :	DEUG Droit
Scolarité en *Calandreta* :	
Lieu :	Béziers
Dates :	1985 (?)
Classes suivies :	de la maternelle au CM2
Études suivies après la *Calandreta* :	Collège, Lycée
Lieu de l'entretien :	Domicile des parents
Durée de l'entretien (en minutes):	46'

CODE :	**Ch4**
Sexe :	H
Année de naissance :	1983
Lieu de naissance :	Béziers
Métier des parents :	avocat / documentaliste oc
Situation (scolaire/universitaire, professionnelle) actuelle :	1ère Lycée
Scolarité en *Calandreta* :	
Lieu :	Béziers
Dates :	1986 (?)
Classes suivies :	de la maternelle au CM2
Études suivies après la *Calandreta* :	Collège, Lycée
Lieu de l'entretien :	Domicile des parents
Durée de l'entretien (en minutes):	50'

CODE :	**Cf5**
Sexe :	F
Année de naissance :	1979
Lieu de naissance :	Béziers
Métier des parents :	employé de banque / médecin
Situation (scolaire/universitaire, professionnelle) actuelle :	Maîtrise droit
Scolarité en *Calandreta* :	
Lieu :	Béziers
Dates :	1982-1990
Classes suivies :	de la maternelle au CM2
Études suivies après la *Calandreta* :	Collège, Lycée, Université
Lieu de l'entretien :	Domicile des parents
Durée de l'entretien (en minutes):	44'

CODE :	**Ch5**
Sexe :	H
Année de naissance :	1979
Lieu de naissance :	Béziers
Métier des parents :	prof. musique / institutrice-directrice
Situation (scolaire/universitaire, professionnelle) actuelle :	Licence Occitan, DEUG Anglais
Scolarité en *Calandreta* :	
Lieu :	Béziers
Dates :	1982-1989
Classes suivies :	de la maternelle au CM2
Études suivies après la *Calandreta* :	Collège, lycée, Université
Lieu de l'entretien :	*Calandreta* (Montpellier)
Durée de l'entretien (en minutes):	58'

CODE :	**Cf6**
Sexe :	F
Année de naissance :	1978
Lieu de naissance :	Montpellier
Métier des parents :	Travailleur dans une coopérative /employée dans un hypermarché
Situation (scolaire/universitaire, professionnelle) actuelle :	DEUG Géographie
Scolarité en *Calandreta* :	
Lieu :	Béziers
Dates :	1983-1989
Classes suivies :	primaire
Études suivies après la *Calandreta* :	Collège, Lycée, Université
Lieu de l'entretien :	*Calandreta* (Béziers)
Durée de l'entretien (en minutes):	22'

CODE :	**Ch6**
Sexe :	H
Année de naissance :	1980
Lieu de naissance :	Béziers
Métier des parents :	bibliographe oc / bibliothécaire
Situation (scolaire/universitaire, professionnelle) actuelle :	Licence droit
Scolarité en *Calandreta* :	
Lieu :	Béziers
Dates :	1982-1991
Classes suivies :	de la maternelle au CM2
Études suivies après la *Calandreta* :	Collège, Lycée, Université
Lieu de l'entretien :	Domicile des parents
Durée de l'entretien (en minutes):	75'

CODE :	**Cf7**
Sexe :	F
Année de naissance :	1977
Lieu de naissance :	Béziers
Métier des parents :	maçon / secrétaire
Situation (scolaire/universitaire, professionnelle) actuelle :	Étud. infirmière
Scolarité en *Calandreta* :	
Lieu :	Béziers
Dates :	1980-1987
Classes suivies :	primaire
Études suivies après la *Calandreta* :	Collège, Lycée
Lieu de l'entretien :	*Calandreta* (Montpellier)
Durée de l'entretien (en minutes):	50'

CODE :	**Ch7**
Sexe :	H
Année de naissance :	1980
Lieu de naissance :	
Métier des parents :	Bibliographe oc / bibliothécaire
Situation (scolaire/universitaire, professionnelle) actuelle :	
Scolarité en *Calandreta* :	
Lieu :	Béziers
Dates :	
Classes suivies :	
Études suivies après la *Calandreta* :	de la maternelle au CM2
Lieu de l'entretien :	Domicile des parents
Durée de l'entretien (en minutes):	17'

I. APPROCHES

Scolarisation ne vaut pas *normalisation* sociolinguistique

Carmen Alén Garabato et **Henri Boyer**

Les ex-*calandrons* qui ont accepté l'entretien sont des *volontaires* qui, comme l'affirme l'une des enquêtrices, "étaient très contents de participer" : il s'agit donc d'un échantillon quelque peu biaisé du point de vue méthodologique et par ailleurs limité, forcément limité : était visée par notre enquête la première promotion des élèves de la première *Calandreta* de Béziers (créée en 1979), une première promotion à faible effectif . Concernant les corpus issus d'enquêtes et leur volume, on sait que les positions des sociolinguistes ne sont pas forcément convergentes (voir par ex. Boyer 2002). Même Labov peut sembler varier quelque peu sur cette question. Ainsi dans le même ouvrage (Labov 1976 : 283), il indique (c'est moi qui souligne) qu' "on s'aperçoit que [...] les structures fondamentales de la stratification par classe se dégagent d'*échantillons aussi restreints que vingt-cinq locuteurs*" et affirme par ailleurs (Labov 1976 : 288 ; c'est moi qui souligne) que "notre approche initiale de la communauté linguistique est dirigée par la nécessité d'*obtenir un volume important de discours naturel correctement enregistré».* On peut faire à ce propos deux remarques : d'une part ce qui est observé ici n'est pas une "communauté linguistique" (même si la *communauté occitanophone* est en quelque sorte le point de mire), d'autre part notre enquête nous a tout de même permis de recueillir "un volume important de discours" (plus de onze heures d'enregistrements). Il nous semble donc que, compte tenu de l'homogénéité des discours tenus lors des entretiens (à l'exception notable de l'un d'entre eux, celui de Ch. 5), on peut avancer un certain nombre de commentaires et de réflexions d'ordre sociolinguistique et sociodidactique, qui n'ont aucunement la prétention de traiter des *Calandretas* dans leur globalité et leur diversité.

1. "C'est le meilleur enseignement qu'on puisse donner à un enfant"

En premier lieu il apparaît clairement que l'évocation de la scolarité en *Calandreta* est empreinte de nostalgie. Selon l'une des enquêtrices (E1, mais les deux sont d'accord là-dessus) "l'affectif est très fort" ; une affectivité palpable : "certains avaient la larme à l'œil" (E2). Et cette scolarité est manifestement ressentie comme une période heureuse, dont on a "pratiquement que de bons souvenirs" :

> Ch2. [...] // bon il y a / plein de souvenirs que je me rappelle / et puis à je ne sais pas à plein de choses de bien / Calandrette / un mouvement aussi / un mouvement parce que / bon il y de X qui sont vachement motivés // qui a envie de faire passer ça / c'est un mouvement je crois / ça symbolise à mon avis le mouvement occitaniste / quoi bon
>
> Cf2. [...] / j'ai une partie de moi qui / qui / est / qui est occitan quoi / parce que / bon euh / je sais pas combien d'années ça fait le en primaire mais euh /// vu que je l'ai parlé pendant tout le primaire je je sais que bon // mais des souvenirs euh /// tout ce que l'on a pu faire avec la / l'école ça a été euh /// SUPERBE [rire]
>
> Cf3. [...] je suis toujours euh / je suis curieuse quand même du devenir de la / des Calandrettes / parce que bon c'est une école extraordinaire pour les enfants je crois / et euh / et j'aimerais que / que ça puisse marcher continuer / voilà
> [...]
> Cf3. [...] c'était très sympa [rire] / c'était euh / c'était génial / mm / je me rappelle on faisait des euh / des conseils de classe ou des / des bilans / enfin on se réunissait euh plusieurs fois par jour / dans un petit coin où on s'asseyait par terre sur des coussins / et puis on disait ce qu'on ressentait // comment s'était passé la journée si on avait des critiques des euh / des remarques à faire / il y avait une bonne ambiance la communication se faisait bien /
>
> E2. Euh si je vous dis le mot "Calandrette" aujourd'hui / quelles images vous viennent ?
> Ch4. / euh ff / ben des souvenirs euh je revois où j'étais / l'école où j'étais //

E1. C'est agréable désagréable ?
Ch4. ah non c'est bon c'est plutôt agréable X j'ai X j'ai pratiquement que de bons souvenirs là-bas //

E2. et quand on vous dit le mot Calandrette aujourd'hui euh ça vous évoque quoi ?
Cf5. oui ça évoque plein de choses / que des / enfin pour moi c'est que des bonnes choses / et l'aut^re fois je discutais dans / dans le train avec des amis à moi qui sont au-dessus de Besançon et / ils comprenaient pas pour eux l'occitan c'est euh "Viure al païs" le dimanche après-midi / ils me disent / il me dit mais qu'est-ce que c'est que cette LANgue euh / moi j'ai / de suite je me suis sentie AGRESSÉE par rapport à ça quoi / en plus c'est critiqué alors bon j'étais là et puis je fais / tout le temps ça / par rapport à ça j'ai fait que des éloges en disant que si j'ai des enfants je les mettrai à la Calandrette / si euh / je sais pas pour moi c'est euh / j'ai des / j'ai des / une petite cousine à Toulouse qui est aussi en / enfin a appris que / enfin on leur a expliqué un peu comment c'était euh / enfin à leur parents et ils nous ont dit oui la Calandrette ils ont essayé et ça se passe super bien aussi quoi / et euh pour moi je trouve ça / je trouve que c'est un / une réussite que de convaincre des gens dans / de / de mettre leur enfants dans ces écoles –là / et qu'après / et d'après avoir de / de / de bons / de bonnes retombées de ça quoi / parce que souvent / c'est vrai que d'en parler aux gens ça les séduit beaucoup / enfin surtout / quand / quand c'est des / des gens qui sont passés par là / de savoir que bon / ben ça / ça se passe bien que / ben je / je suis au même niveau que ce que d'autres qui seraient passés dans les écoles traditionnelles euh / et voilà quoi

Ce souvenir de la *Calandreta* est sûrement, comme le reconnaît Cf4, quelque peu idéalisé :

Cf4. /// c'est vraiment des souvenirs // maintenant j'en suis fière quand je dis que j'étais à la Calandrette / je / je fais de la pub [rire] ouais / ouais / non parce que quand j'en parle à des / à des amis quand euh / quand avec euh / avec ma copine on leur explique comment ça se passait ils sont là ouais cool vous êtes partis aux Baléares / on était partis aux Baléares X on avait fait plein / plein de choses et /// peut-être que j'ai occulté tous les points négatifs [rire] de la Calandrette parce que là franchement hein / c'est vraiment euh / m'entendre parler euh [rire] non il y avait des fois j'étais pas contente d'aller à l'école enfin
[...]
Cf4. euh / je sais pas j'idéalise un peu euh / ce qu' est la Calandrette / je vois / pour moi c'est vraiment quelque chose / c'est un un système

> d'enseignement qui est vraiment euh / enfin moi je considère que c'est le meilleur enseignement qu'on puisse donner à un enfant quoi donc j'arrive pas à trouver des // à trouver des choses à revoir quoi // parce que même j'ai pas / j'ai jamais euh / j'ai jamais vu trop d'élèves qui euh / qui avaient eu des problèmes parce que ils avaient euh / ils avaient eu un enseignement différent et justement ça les ça les / ça leur convenait pas quoi // donc j'arrive franchement pas à voir de // non / il faudrait que j'y réfléchisse [rire] / euh non sincèrement j'en vois pas // non je pense que c'est / c'est / il faut que les parents soient prêts à s'investir et puis à partir du moment où ils sont prêts à s'investir / un minimum dans l'éducation de leurs enfants avec leur / avec euh leur école c'est / ça marche quoi / parce que après c'est vrai qu'il y a des parents qui pourraient euh / reprocher d'avoir un peu trop à s'investir / d'avoir euh / à organiser des choses ou quoi mais euh / bon / c'est quand même aussi important quoi // mais après non / pas pourquoi

La représentation de la *Calandreta* comme une sorte de "grande famille" est une constante. Et les ex-*calandrons* soulignent unanimement l'étroite proximité instaurée entre les élèves (et leurs parents) et le maître, Rh essentiellement :

> Cf1. c'est / pour moi c'était comme une famille / c'est / enfin // mon professeur était un ami / pas comme un ami bon il y avait un respect envers envers Rh et tout et / non c'était c'était une relation proche sans sans l'être / on était était / on pouvait inter / le voir / sans / sans avoir des craintes qui ne / ne se font pas maintenant envers certains professeurs comme il s'est passé au / au collège / on osait pas y aller là on se levait / on allait le voir et / c'était // pour moi c'était une grande famille la / famille des Calandrettes et / les les autres élèves étaient pratiquement des enfin frères et sœurs / on était souvent très proches on partait souvent en vacances et // c'était un très bon moment
> [...]
> ben c'était euh / toutes les organisations des des fêtes des / c'était les professeurs / enfin les parents / tous les parents qui étaient là / c'était / comme je vous disais c'était on retrouvait les parents des copains / XX et on faisait la bise / et c'était / on nous prenait sur les genoux / c'était euh / comme je vous dis c'était une grande famille c'était comme si on se retrouvait depuis // on voyait même euh / c'était l'organisation qui faisait qu'on voyait arriver tous les parents ça nous faisait plaisir aussi de les voir / tout le monde qui se mélangeait tout le monde qui parlait ensemble / enfin même au niveau du social entre les parents quoi / bon moi mon père était agriculteur / X il avait côtoyé le banquier avec qui il s'entendait très bien parce que justement on était en classe / leurs

enfants étaient en classe ensemble c'était euh / et les parents qui organisaient les fêtes et //

Ch1. [...] / ma vision euh / ff c'est vraiment un côté affectif alors un cercle d'amis maintenant / quand on se recroise et ben euh soit on ne s'est pas oubliés euh / on s'échange les téléphones on se / on se revoit pour les réunions comme c'est au mois dernier ? ou novembre dernier ? / pour les repas / à la Féria au stand de / Calandrette / ben c'est surtout euh de s'agrandir la famille et le cercle d'amis / et je pense que c'est la vision que / que j'ai tiré euh je pense que c'est ça euh

Cf2. ben / comparé à ce que nous / on on a vécu euh / après / c'est à dire au collège et au lycée / c'est totalement différent puisque on était habitués à c'est en fait c'est / parfois ça nous a / ça nous arrivait à appeler Rh papa / avec ma sœur ou n'importe qui ça nous est arrivé parce que / bon / mais donc pour nous c'était comme une considération / de de quelqu'un de très proche avec nous donc //

Ch3. alors c'était euh / c'était / on était assez LIÉS / parce que bon / mon père ve / venait souvent à l'école pour des réunions ou / il faisait la chorale avec Rh donc / c'est vrai que c'était euh presque des amis mais bon c'est vrai qu'il y avait / une certaine distance comme avec / avec le maître / mais c'est vrai que c'était bon euh c'était assez proche parce qu'on partait souvent chez lui chez Rh dans la cam enfin dans sa campagne chez ses parents / donc c'est vrai que bon il y avait euh / plein de des choses qui faisaient qu'on était très liés quoi puis euh / tous les parents étaient là // au début il y avait pas de / comme il y avait pas de / de cantine donc que c'était les parents qui faisaient à manger donc c'est vrai que c'était chaque chaque jour c'était un parent qui venait donc il y avait une liaison euh / c'était un groupe un peu famille donc c'est vrai qu' il y avait / il y avait une liaison qui était ouais assez forte avec / avec les instituteurs / SURTOUT AVEC Rh euh / un peu moins avec Rf1 et euh / encore moins avec Rf2 // puis il y avait Rf3 mais Rf3 moi je me souviens pas d'avoir été avec elle puisqu'elle faisait les tout petits donc euh X X // mais c'est vrai que c'était une liaison assez forte

Cf4. / ff // bon c'était assez euh / bon c'était pas très / très détendu quoi / c'était / il y avait des rapports euh / élèves-prof euh / voilà ils nous apprenaient / ils nous enseignaient quel / une matière et puis voilà / c'est pas pareil qu'en fac quand même parce que il y a un contact ils nous apprennent une certaine méthode / ils sont plus proches de nous parce que en en sixième en général / ils essaient de / un peu de nous assister quoi / mais c'est vrai que / c'est pas aussi proche que la / que que à la Calandrette quoi / parce que déjà on tutoie les profs et puis euh / et puis on a beaucoup d'activités différentes / on part en voyage assez souvent euh / donc forcément ça fait partager plus de choses avec euh / les enseignants donc on se sent plus proche quoi / puis c'est / enfin c'est une ambiance assez familiale quoi / je sais pas / enfin moi je sais que tous mes enseignants euh / du primaire quand je les revois maintenant / c'est vraiment euh / je sais pas / je suis euh je me sens encore proche d'eux quoi / c'est vraiment des / c'est des / des amis à mes parents / et puis euh / et ouais c'est / je sais que je garderai jamais / j'ai jamais gardé contact avec euh / des / des professeurs de / de collège quoi et puis / c'est parce que justement c'est pas les mêmes rapports quoi / puis le fait de voir que les parents aussi / parce que les parents ils sont quand même assez euh / assez euh / enfin ils s'investissent quand même dans l'école / donc euh / enfin mes parents s'étaient investis donc euh / ils étaient euh / ils étaient assez proches des profs quoi / enfin des enseignants

Ch4. ben moi je me rappelle / nous on tutoy / moi je tutoyais mes mes instits à la Calandrette enfin tous tous les élèves les tutoyaient / je sais pas si maintenant ça ça se fait toujours / mais par contre au collège je pouvais plus les tutoyer /

Cf5. [...] / c'était très famille et puis surtout que nous c'était les premiers euh / au tout début la cantine c'était les parents qui la faisaient euh / et puis quand on est un petit groupe pour partir en voyage scolaire c'était pratique quoi / c'était euh / et puis les parents étaient très investis aussi au début / puisque bon c'est eux aussi quoi / mes parents faisaient partie de / de ceux qui ont aidé au départ à la création / enfin ils se sont / la / la Calandrette était créée mais ils se sont insérés au groupe pour euh / pour aider à ce que ça / à ce que ça marche quoi / et euh donc en fait c'était très famille / les sorties / ça faisait partie du groupe d'amis quoi / on était / mais maintenant on se voit plus beaucoup entre tous / mais euh chaque fois qu'on se lance pour la réunion il y a quelque chose qui passe X c'est / autant il y a des gens de maternelle qui vont / qui / enfin / qui se sont connus en école primaire ils vont se croiser dans la rue ils vont pas se reconnaître / ils vont pas se parler / nous on va se reconnaître on va se parler / comme / même si on s'est pas vus de trois ou quatre ans ça va / ça va rien changer quoi / c'est euh / je sais pas c'est / oui c'est resté quoi / c'est comme de la famille / donc

Ch6 [...] ça m'a vraiment marqué au passage en sixième euh c'était très

euh/ c'était pas familial fraternel mais c'était euh / on était très proches / on était euh / Rh qui moi m'a suivi pendant / euh pendant 5 ou 6 ans de la grande section CM2 / on était vraiment / enfin on a fini par très bien se connaître et donc / oui on se // oui on finissait par très bien se connaître et ensuite quand il a fallu appeler les professeurs Monsieur ou Madame ou Mademoiselle enfin ça aussi c'est une différence qui est / qui m'a /
[...]
Ch6. [...] ouais c'est vrai que c'était surprenant par exemple ça ça y est pas non plus dans le / les écoles traditionnelles et on n'est pas amenés à rencontrer les / parents des autres enfants alors que là / on connaissait quand même bien un certain nombre de parents / et même le samedi matin souvent / je me souviens le / on décidait de partir chez l'un ou chez l'autre pour le week-end au dernier moment comme ça / à 11 h. quand les parents venaient nous chercher c'était euh le piège / on disait bon mais je vais chez chez un tel et on se retrouvait pour le week-end donc c'était différent comme /euh voilà

Cf7. [...] je pense par rapport au / au côté très familial / très euh soudé si vous voulez / moi je / parce qu'au départ quand j'y étais c'était / les parents faisaient / la cuisine à tour de rôle euh / dans la semaine et euh / je sais plus du tout comment ça fonctionne aujourd'hui euh / enfin après on a eu une cantine donc /je suppose que maintenant y a des cantines un peu partout / mais au départ c'était / euh chacun des parents qui faisaient les repas et euh / on aurait dit qu'on était tous frères et sœurs / moi je l'ai senti vraiment comme une grande famille / tout en étant fille unique / enfin mon père s'est remarié et a eu deux enfants mais je les voyais pas donc euh // donc ça m'a / ouvert je pense beaucoup donc / le côté comme ça / parce qu'on s'entre aidait tous et enfin / peut-être que ça venait de mon tempérament / j'étais assez / euh à me mêler des affaires un peu des autres mais pour les aider / c'était pas par curiosité / et euh / on m'a pas empêché / euh d'être comme j'étais / enfin / je sais pas / COMMENT ça se serait passé dans d'autres écoles mais / euh mais on me laissait vivre quoi moi je l'ai senti comme vraiment / une liberté / euh c'était BIEN /[rire]

Par ailleurs les enquêté(e)s ont une vision très "éducative" de leur scolarisation en *Calandreta* et font état d'une organisation particulièrement positive de l'enseignement et de la vie scolaire: les "sorties pédagogiques" et autres voyages linguistico-culturels organisés régulièrement sont particulièrement valorisés :

Cf2. [...] moi ce / ce que je me souviens le plus c'est / les voyages que l'on a pu faire avec la Calandrette // c'est / une bonne partie de /// de ce que on a pu vivre / ici / c'est quelque chose de / bien quoi / de / à mon avis d'autres écoles ne font pas / et euh /// c'est une autre ça nous donne / une autre vision de ce qui peut se passer dans les autres pays / alors qu'on est pas encore dans le /// ce quoi non que nous on pourrait pas faire nous mêmes quand on est au primaire // bon partir tous ensemble c'est / c'est / partir à l'aventure / pouvoir / vivre / tous ensemble / quelque chose de bien

Ch2. sur sur les contenus / et sur la façon de faire aussi c'est-à-dire que bon / les enfants qui arrivaient d'une école entre guillemets normale c'est-à-dire bon euh comme on voit dans les films quoi / c'est-à-dire que bon il y a l'instituteur c'est / tout bien rangé euh et cetera / il y a le cour de / ça le cours de français la dictée et cetera / et / c'était / pour nous c'était / pour eux c'était la situation classique pas pareil que pour nous quoi / parce que / nous on avait eu autre chose quoi enfin / déjà on avait / une autre langue quoi l'occitan // puis on avait / de tas de choses quoi c'est-à-dire qu'on pouvait / je sais pas comment ça se passait dans une autre école / mais je pense que nous on a eu plus d'opportunités pour faire de voyages / même si on était petits c'est / c'est super quoi / tous les voyages que l'on a faits avec la Calandrette on s'en rappelle quoi / et je pense qu'à la Calandrette on en a faits plus qu'ailleurs / enfin / je pense

Cf3. [...] / je me rappelle on était partis aux Baléares une fois / avec toute la classe c'était très sympa /on était en relation avec des Catalans justement c'est pour ça que je disais qu'avec l'espagnol / ça m'avait aidé quelque part pour les mots et tout / parce que même si on parlait pas la même langue avec les Catalans on pouvait correspondre euh / parler / on se comprenait [rire] [...] /// des sorties il y en a eu euh / des tas [rire] / je me rappelle pas de toutes /// à la montagne / aux champignons euh // et puis des fêtes et les Carnavals / les fêtes de Carnaval / quand on jugeait Carnaval et qu'on le brûlait après [rire]

Ch3. ouais //// non je enfin / non je crois que //// ayant vécu que ce que j'ai vécu à la Calandrette enfin ça m'a pas // avec vraiment le recul que j'ai maintenant euh je vois // non j'ai pas eu le / enfin j'ai pas de choses à / à changer // c'est très bien comme ça euh j'ai que des bons souvenirs à la Calandrette donc euh /// donc c'est vrai que je peux pas euh // non j'avais un niveau scolaire bon j'ai toujours eu un niveau scolaire MOYEN / mais bon au niveau scolaire je // y a des gens de Calandrette de de ma génération qui sont sortis qui ont fait des écoles d'ingénieurs qui ont fait euh / vous voulez dire / c'était euh / je veux dire au niveau euh / connaissance et euh // donc c'était euh // c'était comme les autres écoles / le plus qu'on avait nous c'était justement l'ambiance qu'il y avait et puis on faisait beaucoup plus de sorties on faisait beaucoup plus de choses / d'activités on avait un petit jardin / on avait euh / on faisait du vin / bon après ça c'est ça c'est un peu fait dans les autres écoles aussi / mais c'est vrai qu'au début euh / moi tous les copains à qui je disais qu'on faisait du vin à l'école / ils étaient un peu étonnés enfin / on faisait des sorties enfin / non moi je euh / je vois rien à changer euh / dans ce que j'ai vécu // non / peut-être maintenant euh / non / même pas / non / c'était / très bien quoi // puis comme j'ai pas vu autre chose / je peux pas dire si c'était mieux ou moins bien que le reste mais // non ça c'est très bien passé c'était très bien et puis non rien à changer

E2. ça fait plusieurs fois que vous évoquez les sorties / qu'est-ce qui vous en reste comme souvenirs ?

Ch3. pouh / plein // euh qu'est-ce qu'il m'en reste / c'était euh / bon souvent c'était chez X quasiment / enfin c'était régulièrement on va dire / chez Rh / donc dans la campagne derrière Cazouls / bon c'est vrai que c'est de la Garrigue / et on faisait /// ouais il me reste mais pareil c'est des flashes / euh une fois on avait fait une grillade / là y avait les parents alors je sais pas ce que c'était c'était peut-être pas une sortie quoi / c'était peut-être une soirée ou / il faisait jour quand même donc [rire] / enfin on était une dizaine on était dans le coffre de la voiture de mon père et on montait faire avec eux / enfin c'est que des flashes comme ça / puis une fois on avait visité aussi des / on était allé avec un copain à Rh // euh qui était archéologue et on avait visité un peu les sites il nous avait montré des tours enfin des anciennes constructions euh / après qu'est qu'on avait fait si je me souviens toutes les classes vertes enfin pas toutes mais je me souviens d'un certain nombre de classes vertes / donc avec euh des bons souvenirs souvent / même toutes // quand on a été à Malibert euh / qu'on est allé voir / euh // c'était un observatoire / au niveau des // un observatoire / enfin // voilà un observatoire donc pour les étoiles euh / des fois à Fraïsse on allait souvent aussi // non enfin moi c'est / moi c'est des flashes euh /// c'est vrai que bon je euh // les cours bons c'était euh / mais c'est vrai que j'ai beaucoup plus de souvenirs en sorties que ce que j'ai des cours / mais bon j'ai des souvenirs aussi en cours quand même // en général ça se passait bien / puis avec l'histoire aussi on avait des / on passait les ceintures // donc euh / ça aussi c'était fait ça ça motivait / enfin c'était pas vraiment un esprit de compétition mais on voyait l'évolution de tout le monde donc euh / bon moi je vois en orthographe j'étais toujours ceinture euh / blanche [rire] / et puis bon c'est vrai que ça permet // ça donnait envie de de continuer et puis euh / bon puis c'est l'histoire aussi de gagner des points / X il y avait des fiches un peu à faire de maths //

X des //// ouais / c'étaient les bons souvenirs de classe //

Cf6. ff c'est des sorties pédagogiques / c'est-à-dire qu'on est allés / plein de fois en ville pour apprendre / on est allés Saint Na / à Saint Nazaire à la Cathédrale où il y a des panneaux écrits en occitan le / Rh nous faisait des cours la dessus on est même allés jusqu'à Sète pour voir les fabricants de filets on a vu des fabricants de / de fûts de vin / on a / on est allés voir l'Oppidum d'Ensérune / enfin on a on a eu beaucoup de sorties pédagogiques au lieu d'apprendre sur un tableau / on apprenait surtout / euh en visitant la RÉGION quoi / et la / et EN PLUS [rire] d'apprendre LA LANGUE de la RÉGION on apprenait la RÉGION en même temps / c'est quand même assez intéressant je connais / enfin j'ai l'impression de savoir plus sur ma région que sur toutes les régions de France / ça c'est / même en étant de géographie [rire]

Ch6. euh. j'aurais PROBABLEMENT mieux appris la discipline / ce ça paraît / mais les autres élèves me paraissaient très obéissants très / j'étais / j'étais pas un chamailleur mais / enfin ils avaient quand même / ils étaient habitués à être vingt cinq par classe alors que nous on était trois dans ma classe Ch2 et Cf1 / donc / enfin ce genre de détails mais j'ai aussi fait beaucoup de voyages alors que EUX ne faisaient donc très peu de voyages ou même pas du tout en enfin il y a / c'est pour ça que j'ai / PESÉ le pour et le contre entre guillemets et finalement je me suis rendu compte que c'était / tout aussi intéressant
E1. / pour maintenant justement vous mettriez quoi et contre vous mettriez quoi
Ch6. ah bon / pour / la / l'ouverture d'esprit / le // la diversité des / des matières traitées la manière dont on les traite aussi mais / on a quand même une approche de / c'est pas de la biologie mais c'est de / de la découverte / je me souviens plus très bien des / des langues aussi tout ce dont on parlait les voyages tout ça qui est différent donc tout ça c'est intéressant on avait aussi tout un tas d'activités extrascolaires comme le vin toutes ces / enfin tout ça ça nous a vraiment euh éveillés / c'est pour ça que l'on a eu une scolarité différente voilà mais en contre voilà euh le la discipline / sans être un tenant de / du strict respect de / mais bon quand même le v/ oui la notation sur vingt par exemple euh moi au début en sixième je connaissais pas donc puis qu'on avait que des couleurs des punaises / donc on changeait de punaise au tableau // donc / tout ça c'est il faudrait peut-être que le / que la différence soit mieux expliquée enfin que le / pour que le passage en entre CM2 et la sixième soit plus facile /il faudrait peut-être qu'on / que cette différence soit valorisée enfin je crois

Cf7. je sais qu'on en faisait mais de là / euh / oui / euh / je veux dire de

> là à vous dire où / non / une fois / une fois mais en fait / oui / on allait souvent dans la garrigue en fait / et donc ça / c'était très euh / vraiment très enrichissant quoi / la nature / euh / tout ce qui était nature / euh / et puis c'était / y avait ce côté nature et le côté culturel / on est allé voir un concert euh / on a fait / on est allé /des choses / on avait les correspondants aussi de pays différents mais / euh / il y a beaucoup plus de voyages qui ont été effectués après que je sois partie et à mon avis / c'était les niveaux financiers qui au départ suivaient pas mais bon / ça euh / logique [rire] mais euh / parce que j'ai des copines qui ont eu des frères et sœurs qui y sont allés donc j'ai un peu / eu / euh / le X / par rapport à ça / et donc ils faisaient beaucoup plus de voyages / ils rencontraient les correspondants / on en a rencontré nous aussi mais / euh / c'était dans la France quoi / je veux dire par exemple des Bretons / on a eu des correspondants bretons on est allés en Bretagne / euh / ils sont venus ici / euh / voir le breton comment c'était par rapport à l'occitan / enfin ///

Les ex-*calandrons* louent ainsi une organisation de la vie scolaire et péri-scolaire "différente", ouverte[10], qui favorise l'éveil, l'autonomisation et la responsabilisation de l'enfant :

> Cf1. d'accord et / non en fait c'est c'est ça l'organisation se faisait euh / c'était les enfants disaient ce qu'elles pensaient / on pouvait critiquer enfin le comportement / proposer / faire des propositions / et justement / arrivés en / au collège ça été un blocage on était sous des règles / qu'on a toujours ici / qu'on doit suivre / mais c'était imposé on n'avait pas droit de / de rien dire on devait euh / se soumettre [...]
> Cf1. // euh dans le fonctionnement // je sais pas / je pense pas / je pense que comme je vous dis le / l'élève est important par rapport au / aussi important que les / les enseignants qui sont là / il est considéré il est pas mis / mis à part // enfin moi ce qui m'a étonné c'est à l'arrivée au collège qu'il y ait cet écart entre / moi ce que j'avais vécu à / à l'école / et ce qu'avaient vécu les autres enfants / c'était plutôt euh des rangs des rangées comme un peu le / la / on était au collège donc ils étaient pas perdus / donc je suis arrivée on est arrivés / on était tous en rangs on n'était pas par petits groupes de travail / enfin ça a été une / à la fois je m'y attendais parce que mon frère était déjà un an avant moi donc il m'avait raconté comment ça se passait / comment ça s'est passé / et euh / mais c'est vrai que des fois la confrontation / confrontation avec les autres élèves / pas / juste au niveau de la comparaison des / des écoles / moi je disais *ten* moi je faisais ça et tout euh / nous non c'était

[10] Appliquant entre autres les orientations de l'Ecole Freinet.

plutôt ça / c'était / c'était / mais je trouve que je regrette pas enfin l'enseignement / enfin l'organisation et l'enseignement comme ils se pratiquaient en Calandrette c'est très bien / que justement peut-être dans les écoles de type / nationales et plutôt CLAssiques on va dire / ils devraient d'ailleurs adopter plus ces euh / ces / ces méthodes de travail / sans vouloir X X [rire] mais bon

Ch1. [...] nous dans le conseil on pouvait euh / on critiquait pas les méthodes d'enseignement et tout ça mais / on pouvait euh / on pouvait euh exprimer dire librement qu'un tel nous agaçait ou qu'un tel avait des problèmes que / qu'il fallait le revoir avec Rh euh parce qu'on était euh son chef d'équipe et qu'on pensait euh / que s'il faisait plus de mathématiques ou si le français s'améliorait / c'est sûr que là on pouvait s'exprimer on pouvait dire ce qui allait pas / on proposait euh / on proposait euh des choses qui nous intéressaient à faire dans les ateliers euh / on racontait le week-end donc là on avait la parole on / on apprenait à s'exprimer parce que je pense que / c'est important et ça de XX de pouvoir prendre la parole et de pouvoir parler euh / XX on était derrière notre bureau au collège euh on avait pas trop la parole on attendait qu'on nous interroge euh / c'était pas / c'était complètement différent

E2. et / est-ce que vous pensez que / a posteriori / enfin ou est-ce que vous avez ensuite trouvé un sens à la pédagogie qui était employée dans les Calandrettes est-ce que X X ça a pu vous servir ou pas ?
Ch3. // euh // non [rires] non j'ai jamais / non j'ai jamais pensé à ça // par exemple ça m'a ouvert à / plein de choses à plein d'activités que / j'aurais jamais / je pense jamais X / euh / si au niveau peut-être au niveau relationnel entre // entre élèves et bon euh ou entre / entre personnes / au niveau du conseil au niveau euh / quand on faisait les les équipes il y avait un chef d'équipe bon peut-être / on dirigeait un peu voire / pour aider les autres aussi bon quand on était / chef d'équipe de / c'était pas simplement pour X X aussi pour les aider // donc c'est vrai peut-être au niveau à ce niveau là // ça m'a permis de / d'être peut-être un peu plus // sociable ////

E2. et donc c'est quoi qui vous a marqué / dans la pédagogie Calandrette ?
Cf4. énormément de choses [rire] / non euh parce que je trouve que / enfin je je connais euh / enfin dans mon entourage il y a beaucoup de / de personnes qui / ont eu des difficultés dans leur scolarité / justement parce qu'ils avaient / ils avaient eu des difficultés dans / au primaire qui avait pas été vraiment euh / enfin ils avaient eu des problèmes qui

avaient pas été vraiment résolus euh / et puis je pense que c'est vraiment euh dans l'éducation dans la scolarité c'est vraiment le plus important quoi le primaire et / et euh / et puis euh / voilà on a pas quand on sort de la Calandrette on a pas que des connaissances on sait euh / on a un art de vivre quoi je pense / c'est euh / c'est des conseils euh / alors dès qu'on a un problème on apprend qu'il faut en parler / qu'en communauté ça se passe comme ça qu'il y a des règles et que / qu'il faut les suivre et que si on les suit pas ben euh // ben il y a des sanctions il faut payer des amendes [rire] / et puis et puis euh / on fait les vendanges aussi et euh on a des responsabilités euh / on avance chacun à notre rythme et ça aussi c'est important // quand je pense que la compétition entre élèves / en primaire quoi / c'est vraiment quelque chose qui peut / et puis même vu qu'on fait des activités complètement différentes on est / on est sûr qu'au moins dans chaque / dans chaque activité il y en aura au moins UNE qui dans laquelle on sera / on sera à l'aise donc euh / on n'a pas de complexe //enfin c'est vrai que bon après euh / c'est vrai dans l'enseignement bon c'est quand même assez restreint et bon et / des élèves qui sont ni bons en maths ni en français euh / ni en langues et euh / ils sont plutôt euh / pour quand il s'agit de parler de s'exprimer euh je sais pas de // et puis justement là on leur donne l'occasion de / de s'exprimer dans des choses et d'être // de montrer leur qualité dans dans les / dans des matières qui leur plaisent bien quoi et ça / pour ça je trouve que c'est / c'est bien quoi / donc voilà // XX euh // avec tout l'apport culturel que ça / ça entraîne aussi quoi / avec l'occitan

L'apprentissage de l'occitan peut même passer au second plan :

Cf6. // ben dernièrement j'en ai parlé à une copine // et j'ai parlé SURTOUT de la pédagogie de l'école / PLUS que de la langue occitane j'ai / j'ai parlé plus de la pédagogie de ce que j'avais vécu // enfin mais maintenant je sais pas comment se passent les écoles non plus / je sais qu'il y avait oui / il y a une école à proximité de chez moi vers la gare / je sais pas comment se passe la pédagogie / parce que / je pense qu'il y a beaucoup plus de monde vu qu'il y a trois / trois écoles maintenant sur Béziers mais euh // j'insiste surtout sur la pédagogie / euh // plus que / sur / l'occitan lui-même / parce que comme pense mon père c'est le fait de faire / deux langues en même temps qui qui fait travailler euh / les neurones et la la mémoire euh // l'apprentissage / je / plus l'apprentissage des langues PENser dans la langue plus que faire de la traduction comme on nous apprend actuellement /// je pense que c'est PLUS là l'intérêt de la Calandrette // l'occitan c'est c'est un plus / on va dire que c'est un plus / c'est pas euh / l'essentiel mais c'est un plus / de

> connaître certains enfin je crois que quand même c'est quand même important de connaître / ses racines sa région euh // mais bon // je suis en géographie [rire] c'est pour ça que je pense aussi ça mais euh / c'est peut-être pas évident pour tout le monde / de connaître les racines et l'histoire

Il est donc clair que la "différence" constamment soulignée dans les entretiens, avec l'organisation scolaire de l'éducation nationale, n'a pas été sans poser quelques problèmes aux ex-*calandrons* lors de leur passage au Collège public, en sixième, vécu pour certains comme "un choc":

> E2. et le fait qu'il y ait plus les les mêmes institutions pour fonctionner dans la classe / comment vous avez vécu ça ?
> Ch1. ouais c'est vrai qu'il y avait eu / qu'on marchait BEAUCOUP en équipe et / qu'on avait chacun un / un rôle dans cette équipe / après c'est sûr que // il y avait plus rien au collège donc / c'est // c'est / presque c'est pas du chacun pour soi mais presque donc / c'est sûr que là / là c'est qu'il y a un changement / après X c'est sûr que en équipe on pouvait s'entraider et tout ça bon c'est ce qu'on a continué après à faire / à faire après si on avait des problèmes / chacun dans chaque discipline / mais oui le fait de / c'est vrai qu'on passe de / de choses / d'une chose complètement différente / là c'était du travail en équipe / avec des niveaux euh / pas trop euh / c'était pas des notes / bon il fallait que Rh à la fin / sur le / livre scolaire mette / à peu près une note parce que / il c'est ce qui était exigé / euh pour l'entrée en sixième mais /
>
> Ch2. ben en sixième on est passé déjà de de la petite cour de l'école ou on était dix en classe / et on est passé en classe de 30 élèves ou / de 25 et et le Lycée de mille / élèves quoi / donc là c'est / ça ça surprend / et puis après bon // il y a le fait d'avoir plusieurs professeurs / euh on a plus de / parce que je ne sais pas / avec Rh / avec Rh on avait / c'était notre instituteur mais c'était NOTRE instituteur quoi c'était on l'aimait et on savait qu'il nous aimait bien
> E1. c'est des rapports affectifs ?
> Ch2. oui voilà il y avait des rapport affectifs qui disparaissent / totalement quoi et que je pense sont moins forts dans les écoles / primaires / dites traditionnelles quoi /
>
> E1. et quand vous êtes arrivé au collège / euh qu'est-ce qui vous a le plus surpris dans le / dans le système / éducatif ?
> Ch3. / alors ce qui m'a le plus surpris c'est la distance qu'il y a entre les professeurs / et les élèves / alors qu'à la Calandrette c'était / il n'y en

avait presque pas / alors que là il y en avait une grande / et puis bon je suis arrivé dans un / un collège où il y avait 900 élèves donc on sortait d'une école où l'on était / enfin quand j'étais on devait être une trentaine ou 35 / donc ça fait / une grosse différence d'ailleurs j'ai eu beaucoup de mal au début // non après bon c'est bon chaque comme bon / comme / la différence entre l'école et le collège / surtout pour chaque matière on a un prof différent quoi // sinon bon après // non après / je crois que X

Cf4. [...] / en fait / je voyais par rapport à Cf5 qui était déjà au collège comment ça se passait euh / je savais que bon on allait pas faire les vendanges ni [rire] ni faire du vélo quoi / je s / c'était complètement différent / je savais que la Calandrette était une école à part mais euh non mais j'ai pas eu du tout / enfin // si c'est vrai les rapports avec les professeurs sont beaucoup plus froids / on les vouvoie euh / il y a moins de contacts quoi / et / puis bon on n'avait pas envie de faire une heure chaque matière donc forcément c'est / c'est pas la même chose / mais je pense aussi que c'est quelque chose / dans n'importe quelle école primaire on peut / le ressentir / je crois // c'est comme dans n'importe quelle école primaire hein / mm

Cf5. euh le contact après / mais en fait / nous euh / enfin je vois qu'avec ma sœur / on aurait pu on était dans la même promotion et euh / on a eu un problème / c'est qu'on a été mis dans des classes euh / souvent euh euh / reléguées euh / euh deuxième série limitée euh avec des trucs de rattrap / des classes de rattrapage / et euh bon mais sinon bon je / sinon / moi je ouais ça c'est très bien passé / pas eu du tout de décalage euh // euh pas de / pas de problèmes par rapport / bon c'était un mode de travail différent mais euh / comme il y a un changement entre le primaire et le collège / je crois donc euh / j'ai pas été euh / au contraire moi je me suis sentie très bien préparée par rapport au travail personnel que / j'allais dire la concurrence que / on nous apprenait / il il y avait des / ouais je sais pas si ça se passe toujours mais il y a des / il y a des moments euh de / de travail personnel où CHACUN gère ses fiches euh de / d'exercices / de notes enfin c'est X d'autres et euh / en fait ça ça m'avait euh / bien appris à travailler seule enfin / donc j'ai pas été perdue / et après le / le fait qu'on était dans une école / dans une classe en plus de / de rattrapage euh / ça nous a pas particulièrement gênés non plus euh / on était euh / c'était pas / on était on faisait partie des bons de la classe de rattrapage / on était pas dans les / et on a pas / ça nous a pas fait perdre quoique ce soit d'avoir été là-dedans ni de / enfin pour ma part en tout cas j'ai pas été gênée au niveau du X quoi / peut-être quelques petites difficultés en orthographe c'est ce qu'on avait

> dit euh / on avait en fait / justement le / les / il y avait des profs spé / spécifiques pour ces trucs de rattrapage et euh lui il avait / sachant qu'on était quatre à être de Calandrette / il avait relevé les fautes d'orthographe qui revenaient plus facilement euh / du fait qu'on était euh / de / qu'on avait fait de l'occitan / il y avait certaines fautes d'orthographe qui revenaient mais après ça venait en fonction / y en avait / sur les quatre y en avait un qui était très bon en orthographe et il a pas eu de problèmes euh / plus que euh / que d'autres / élèves quoi

Ainsi, au départ, les *calandrons* ont manifestement éprouvé quelques difficultés d'adaptation et ont eu le sentiment d'être perçus comme des élèves faibles. Le système de notation en vigueur dans l'enseignement secondaire national, en rupture par rapport au système d'évaluation des *Calandretas*[11], est particulièrement en cause, comme le racontent, en particulier, Ch6 et Cf6 :

> E1. et le système de notation ? quand vous êtes arrivé à ce système –là donc ? mis à part cette différence ? est-ce que ça vous a choqué est-ce que ça vous a plutôt plu déplu ? cette manière de fonctionner qui est / très différente / qu'est-ce que vous en avez pensé ?
> Ch6. euh je pense que ça facilite la la compréhension du niveau euh de ce qu'on VAUT entre guillemets de ce que euh des progrès qu'on a à accomplir euh les couleurs ou les ceintures c'était euh je sais / si on était à vert foncé ou marron enfin je sais plus exactement mais bon / on se disait / je je suis bon j'ai plus à chercher à progresser / d'ailleurs je crois qu'il y avait de / qu'il y avait plus rien après je sais plus exactement mais / enfin . ça / on SAVAIT PAS que / qu'il fallait arriver à telle note / à tel enfin le le / le la différence entre bon et mauvais était pas signifiée elle était pas / puis on voyait quand même que ceux qui étaient en bas ils étaient / ils avaient des progrès à accomplir mais / euh / on voit MIEUX la différence maintenant entre 13/20 15/20 et 17/20
> E1. et ça vous donne une direction pour pour avancer ?
> Ch6. voilà ouais même si les notes ne sont pas toujours utilisées correctement par les profs non plus et euh mais bon on apprend à connaître chaque prof et on sait qu'un 8 avec un tel vaut un / enfin / voilà mais on / on a quand même des repères plus simples que euh vert clair vert foncé voilà
> E1. d'accord / et pour les élèves / euh vous aviez de bonnes notes ou ? moyennes ou bonnes je suppose ?

---

[11] Ce système ne repose pas sur l'attribution de notes : il s'agit d'une évaluation par paliers symbolisés par des couleurs (système emprunté à Fernand Oury et à la *pédagogie institutionnelle*) qui vise à développer l'émulation en évitant la compétition.

Ch6. oui bonnes oui
E1. et pour les / pour les élèves qui qui qui ont de moins bonnes notes est-ce que vous pensez que le/ est-ce que ce système de notation vous avait / paru / pertinent ou vous pensez que les ceintures étaient plus adaptées ?
Ch6. euh non je pense que le / le système de notation sur 20 est plus / plus adapté / parce qu'il fait prendre en compte les enfin / réagir quoi
E1. oui voir où on en est ?
Ch6. voir où on en est / les COULEURS euh quand on passait d'une année à l'autre euh du CM1 au CM2 on repartait pas euh à zéro/ je crois / on repartait pas à / en blanc ou en jaune / on restait en vert foncé si on était en vert foncé il nous restait plus qu'avoir euh marron clair et marron foncé / bleu il y avait le bleu quelque part voilà il y avait du bleu // enfin il restait euh / voilà la progression était très/ pas bien signifiée/ alors que je pense que si on était repartis / euh à blanc / on aurait mieux compris qu'il fallait remonter jusqu'à marron
E1. donc quelque chose de beaucoup gradué ?
Ch6. voilà
E1. donc repartir à blanc ?
E1. gradué et plus voilà / "j'ai encore à apprendre" parce que quand on est en bleu / euh on a le sentiment euh de de d'avoir un bon niveau / bon c'est peut-être / moi qui euh

Cf6. [...] enfin moi je me souviens / j'ai un bon souvenir quand même / le système de ceinture peut-être / enfin je sais pas si ça marche encore / bon c'était assez quand même / c'était assez intéressant mais moi j'étais plutôt lésé alors euh / en fait c'est pour ça que je l'aimais plus //
E2. c'était quoi qui ne vous plaisait pas dans le système des ceintures?
Cf6. c'était le fait que j'avais toujours les petites couleurs les plus basses [rire] le / le fait du volontariat peut-être / qui est un peu embêtant / ben quand euh / si on / délimite une date pour euh / ou une une fourchette de dates pour passer sa ceinture / peut-être ça serait plus facile / que moi je sais que / je / si on me de / enfin moi je travaille que dans l'urgence en plus / si on me donne pas une date précise / j'aurai tendance à / laisser de côté et donc c'est surtout ce que j'ai fait / quand il fallait passer les tables de multiplication / et tout ça euh [rire] // moi j'en connaissais quelques-unes / et les premières que je savais je les ai récités et puis après quand il a fallu apprendre la table des neufs ou / les autres tables / j'ai laissé traîner / voilà j'ai / j'ai sou / souvent laissé / été laxiste à ce niveau-là / le système des ceintures ou alors / enfin moi je vois ma sœur maintenant au collège / elles ont des dates pour passer des ceintures // et peut-être que c'est mieux /// à Montpellier enfin elle sait que tel jour il y a une ceinture à passer euh / elle se sent de passer le / le niveau élevé ou pas euh // elle le fait / bon en plus elle c'est une

> des meilleurs élèves euh [rire] on va pas trop comparer quand même hein [rire] ça m'embête un peu /

Mais si le passage au Collège de l'enseignement public a été vécu comme problématique (en particulier parce que peut-être, à cette époque, insuffisamment préparé en *Calandreta*), il n'y a rien eu cependant de durablement traumatisant: les *calandrons* avaient appris le travail personnel, et à "prendre des responsabilités". La pédagogie mise en œuvre en *Calandreta* n'a donc pas été sans conséquence bénéfique sur la suite de la scolarité :

> Cf1. c'était très bien / c'était / c'était une organisation où l'élève avait euh / une place et n'était pas considéré comme un numéro sur / sur une feuille de papier sur une liste / il avait un pouvoir dans la classe il avait des responsabilités / qui on été supprimées en fait aussi / à l'arrivée au collège / et on avait / des responsabilités envers les / les plus jeunes / des responsabilités envers enfin / quand on était chef d'équipe / ou envers les / ceux qui étaient nos chefs d'équipe / on devait bon avoir un respect envers eux travailler et // et voilà
> E1. et de cette / responsabilisation quand vous étiez petits / euh / ou est-ce que cette responsabilisation-là vous a servi après ?
> Cf1. ben oui / enfin / comme on avait des / des métiers où on devait / on devait continuellement / par exemple / rien que / l'idée de l'aquarium / on avait un aquarium que / on devait s'occuper nettoyer / il fallait être tout le temps là s'en occuper si on laissait tomber il y avait / les poissons mouraient ou / et c'est / on s'y mettait vraiment dedans / et je trouve que maintenant quand on s'engage dans quelque chose ben je trouve que je m'y mets / et que je tiens à / je me tiens à fond pour / pour entretenir ce que je suis / dans quoi je me suis engagée et // bon c'est peut-être par le caractère aussi mais euh je trouve que / ça nous fait prendre en compte qu'on a des responsabilités vis à vis des autres / et vis à vis bon de du groupe aussi envers lequel on était

En ce qui concerne enfin l'un des aspects didactologiques considéré comme particulièrement positif des *Calandretas* : la prédisposition à l'acquisition linguistique instaurée par un enseignement bilingue précoce, on peut s'interroger. En effet, il semble, au travers du discours des ex-*calandrons* sur la très grande difficulté à apprendre l'anglais, par exemple, que la représentation idéalisée d'un apprentissage linguistique du type *Calandreta* peut être un obstacle à un apprentissage tardif, et qui plus est traditionnel et nettement moins attractif, d'une autre/d'autres langue(s) vivante(s) étrangère(s)[2] :

> Ch1. euh / au niveau de l'anglais euh / j'ai pas trop fait d'effort parce que peut-être que ça ressemblait pas du tout à / l'occitan euh / sur le coup j'avais pas trop envie et puis les enseignants que j'ai eus en anglais euh / ne m'ont pas spécialement motivé pour / mais quand euh c'est sûr qu'après quand l'espagnol euh / était enseigné euh entrer était beaucoup plus facile / euh a permis de d'assimiler plus vite et de comprendre plus vite / donc là euh / c'était presque le choix était trop facile de euh de délaisser l'anglais euh au profit de l'espagnol donc / euh c'était X ça qui euh a / a renforcé le niveau en angl- en euh en espagnol ou le / moyen en anglais donc / si on regarde en général c'est euh / l'anglais euh on peut dire que c'était difficile à apprendre et / l'espagnol plus vraiment plus facile
>
> E1. c'est par rapport à la langue ? / vous arrivez à dissocier ce qui était la langue de l'enseignant ou / aujourd'hui ?
> Ch3. je sais pas parce qu'après bon j'ai eu des enseignants qui étaient plus au moins BIEN / bon j'étais peut-être un niveau de retard donc euh j'étais toujours à la traîne et puis bon ça s'est un peu agrandi // bon je j'ai appris des trucs quoi / mais euh / non je sais pas la // la langue me déplaît pas plus que ça / j'aime pas trop les Anglais [rires] / non non je / pense que euh / peut-être un mauvais départ et puis bon après euh / j'ai pas voulu non plus euh faire des efforts pour euh / pour combler le retard et puis voilà
>
> E2. et vous aviez la même vision de l'anglais quand vous étiez en CM1 CM2 et ensuite quand vous êtes passé au collège ? / ou est-ce que la façon de / de vous faire percevoir l'anglais était différente ?
> Ch4. // euh / je ne me souviens pas trop quand quand en Calandrette on faisait beaucoup de grammaire en anglais par contre après une fois qu'on arrive au collège c'était plus compliqué après // sinon après / ff / bah c'est sûr que c'était pas pareil parce que bon / au collège on était / on devait être vingt-cinq en cours tandis qu'à la Calandrette en cours d'anglais on était on était une dizaine / donc là c'est c'était différent oui c'était BEAUCOUP plus oral c'est / pas beaucoup d'écrit
> E1. et quand vous étiez en Calandrette ça vous faisait plaisir d'apprendre une nouvelle langue ? avant de commencer l'anglais ?

---

[2] Cela dit, la pratique du français ne semble pas avoir souffert d'un enseignement précoce en occitan, comme en témoignent les cursus ultérieurs, parfaitement normaux, des enquêté(e)s .

Ch4. ouais ouais ouais c'était bien ouais ouais ouais / enfin c'était mieux que / au collège en tout cas
E1. mm c'est-à-dire ?
Ch4. ben ff / ben dès que c'est dès qu'on est dès que j'ai commencé l'anglais au collège / ff c'était pas / on préférait que le professeur soit absent que plutôt que d'avoir cours quoi / tandis que bon quand on allait à / en anglais à en Calandrette non non c'était on était content c'était bien
E1. et qu'est-ce qui / on préférait qu'il soit absent c'est / par rapport au professeur lui-même ou c'est la méthode d'enseignement ?
Ch4. ouais je pense que c'est la méthode d'enseignement / même ouais les profs euh / j'en ai pas eu de profs terribles jamais donc à part en seconde après les autres ff / c'étaient / plutôt des chiants

Cf6. oui en occitan et en anglais parce qu'on avait fait de l'anglais aussi / on avait fait quelques cours d'anglais avec des des professeurs bénévoles / je me souviens que c'était le papa d'un copain / qui nous faisait des cours d'anglais / ouais c'était dans les langues surtout qu'on avait plusieurs facilités [rire] / et c'est vrai qu'ils essayaient d'avoir des réponses avec nous sur les devoirs et / quand on avait des devoirs à faire à la maison / "qu'est-ce que tu as mis?" [rire]
[...]
E2. vous vous avez parlé tout-à-l'heure de l'apprentissage de l'anglais / comment est-ce que vous avez vécu l'apprentissage d'autre langues? à la rentrée au collège?
Cf6. très très bien / euh l'anglais ça s'était passé / mais j'ai des lacunes parce que justement j'avais de l'avance et euh / je me suis un peu reposée sur mes lauriers donc forcément j'ai eu de problèmes en anglais / mais ensuite en quatrième j'ai pris de l'italien / et euh / j'ai été obligée de l'abandonner en première l'italien et là je l'ai à la fac / je m'en suis sortie avec un 14 à l'écrit quand même au partiel / donc / même enfin / c'est aussi une langue latine le latin le l'italien donc avec l'occitan il y a des mots qui reviennent automatiquement / et euh mon seul regret c'est de ne pas avoir fait de latin non plus / parce que là aussi j'avais été peut-être un peu plus aidée

2. Mais "à quoi ça sert d'apprendre l'occitan ?"

Pour le sociolinguiste, là où le bât blesse, si l'on peut dire, c'est avec la *discontinuité sociolinguistique* affirmée : à l'issue de la scolarité en

Calandreta, le lien avec l'occitan semble se déliter inexorablement (à une ou deux exceptions près). La "famille" (le réseau) constituée à l'école occitane se défait et l'on ne fait pas d'effort pour renouer avec elle :

E1. d'accord et là vous avez parlé un peu occitan ?
Cf1. oui bon enfin surtout B donc qui a / qui / lui a été toujours dans / dans l'esprit de la Calandrette / moi j'ai essayé [rire] un petit peu bon / un peu j'ai / après c'est comment dire on part vite sur le / le français pour s'exprimer c'est sûr que / si une langue que / qu'on a appris dans l'enfance comme le français mais que / on perd un peu l'habitude sans / du fait qu'on qu'on la pratique pas
E1. et vous avez d'autres occasions de parler où ? /
Cf1. ben des fois j'essaie de les trouver / par exemple comme je vous dis / à Perpignan des fois je sors un peu quelques mots de patois pour / pour taquiner les autres / voir si / s'ils sont prêts à me répondre / sinon ben / j'ai pas eu tellement l'occasion depuis le / le baccalauréat / où je l'ai pris en / en option / et sinon ben comme je vous dis avec Rf1 des fois euh / comme on se voit très fréquemment comme je vous le dis / comme on est / proches au niveau familial / de / justement de savoir qu'elle / continue / des fois la formation des / des professeurs de / de se parler un peu en occitan et en / quand je dis bonjour au revoir ou même des fois / même des mots

Ch1. en plus des autres cours / donc on avait euh l'anglais et / et l'occitan et certains à Paul Riquet avaient anglais espagnol et occitan / mais en occitan c'était une ou deux heures par semaine / après euh j'ai continué euh en option terminale / pour le bac pour le passer à l'oral et voilà sinon euh / sinon qu'après c'est difficile comme au niveau du du lycée on est tous séparés pour les options / après c'était difficile de regrouper un créneau certains pouvaient se regrouper d'autres ne pouvaient pas y assister donc / c'est difficile de / euh maintenant il y a la l'option qui était à à Henri IV / et se fait aussi se fait aussi à Jean Moulin donc / et là pareil s'est fait par le prof de français qui euh qui parlait occitan et qui et qui avait X philosophie donc elle aussi elle nous a aussi bien laissé passer le message et donc / se sûr qu'on a un plaisir de de reparler euh / c'est sympa mais après après le lycée / ça c'est un peu dimin / ça a un peu diminué / et / le fait de plus trop / euh / là d'être vraiment séparés de tout le monde / de plus reparler / euh on le comprend mais on a du mal à / parler
E1. et vous avez arrêté juste X parce que vous ne voyez plus les autres pour parler c'est principalement pour ça ?
Ch1. oui je pense que / euh /si X / ouais / sûr que / si après on aurait pu

/ euh /ou retrouver quelqu'un qui parle occitan par ses grands-parents ou qui le comprenait / euh / ç'aurait été différent /euh / moi je parlais un peu quand quand j'allais voir Rf1 / ou euh / quand elle me parlait / je comprenais et puis je faisais plus d'effort après de / de lui répondre / je lui répondais quelques mots et après j'enchaînais parce que ça reparlait français à côté / ou /il n'y avait pas le cercle qui / qui à priori / à priori / euh / permettait de parler occitan / donc / euh / puis après chacun a pris sa voie après le lycée / et euh / donc là / là c'était un peu plus dur / et puis on ne prenait tous les cours donc euh / là aussi

Ch2. non parce qu'en général euh // j'ai pas peur que tout le monde comprenne ce que je dis / mais euh // mais des fois / par complicité oui des fois mais / je sais pas // oui quand ma ma tante fait une soupe je lui dis "*ta sopa es bona*" quoi / je sais pas
E1. d'accord
Ch2. pour / je sais que ça lui fait plaisir quoi / parce qu'elle aussi elle regrette de pas pouvoir euh / employer puisque que // pareil elle a pas d'entourage / dans son entourage / BON elle a fait des STAges et cetera euh // pour pour la langue occitane et cetera / parce qu' elle aime ça quoi
E1. et vous arrivez quand même un petit peu / à en parsemer de temps en temps ?
Ch2. voilà quelques quelques expressions / mais bon c'est / c'est en famille quoi / tandis que si c'est avec des amis euh / même si c'est avec / quand on se voit des fois avec des anciens de Calandrette / il n'y a pas / enfin il n'y a pas d'occitan quoi /

Ch3. ouais / ouais ouais c'est euh ouais / alors je dis "oui ça m'intéresse"/ parce que je le pense mais c'est vrai que je fais pas la démarche pour aller euh / euh / voir euh des gens qui parlent occitan / des X parce que bon j'ai / là des amis euh / ils sont à / je sais plus à quelle fac et bon il y a un truc d'occitan // je sais pas alors / bon enfin // j'ai une mauvaise enfin / j'ai l'impression que les les gens qui font un peu de l'oc enfin / que je ceux que j'ai rencontrés euh / qui font de l'occitan euh au niveau de la fac tout ça qui ont / en fait qui découvrent l'occitan à / à / à vingt ans ou // ils / enfin c'est c'est des littéraires / et puis c'est des gens qui m'intéressent pas trop / donc c'est vrai que c'est un milieu qui me plaît pas / c'est ben / c'est des mentalités un peu bon qui sont pas les miennes euh / et qui / avec qui je m'entends pas trop donc c'est vrai que je / je vais pas vers eux // donc c'est vrai que bon au niveau de l'occitan euh // j'ai plus trop de contact mais c'est vrai que ça me plaît bien tout // tout ce qui était culture occitane ça me plaisait beaucoup / et ça me plaît toujours // donc c'est vrai que bon je // ça me déplait / ça me déplairait pas d'aller voir des spectacles en occitan ou d'aller / euh / voir des artistes / ou euh // même des fois j'en ai / bon il y a des // des artistes un peu plus connus / comme les Fabulous Troubadours ou tout ça qui font de la musique un peu en occitan / c'est vrai que euh / enfin ça me plaît bien parce que euh / quand il y en a qui écoutent ça bon comme nous on écoute enfin comme moi j'écoute de l'anglais et je comprends rien ben ils écoutent ça voilà ça leur plaît et puis ils comprennent pas ce qu'ils disent et puis moi je / ça me permet de leur traduire et de leur dire "X X tu comprends ?"/ donc c'est vrai que bon c'est / ça me plaît pas mal quoi // puis je / je trouve que c'est une belle langue l'occitan / c'est vrai que / euh / je m'en veux un peu de l'avoir oubliÉ / mais je me dis que bon si un jour je recommence // enfin si un jour j'ai l'occasion je / je m'y remettrai un peu / et puis // que ça reviendra vite // je pense // j'espère surtout [rire]

E1. et à Béziers par exemple quand il y a la Féria il y a des groupes euh occitans ?

Ch3. ouais alors la Féria euh c'est / j'y suis allé une fois depuis que / parce qu' en fait euh je passe tous mes étés en Lozère / depuis depuis tout petit donc c'est vrai que la Féria c'est le quinze août / donc j'ai rarement l'occasion d'y aller / et / j'ai pas vu de groupe occitan mais c'est vrai que bon il y aurait il y aurait des groupes occitans je pense que / bon pas y passer toute la soirée mais c'est vrai que ça me plaît euh // ça me plaît

E1. oui vous seriez là / pas loin euh

Ch3. ah ouais tout à fait

E1. vous iriez faire un tour ?

Ch3. ouais ouais puis même chaque année ils envoient chaque année à regret euh j'y vais pas / pour aller euh / à la enfin à la bodega de la Calandrette chaque année ils demandent aux anciens *calandrons* de d'y aller pour servir c'est vrai que moi je travaille dans un bar l'été donc bon c'est vrai que ça me ça me changerait pas beaucoup mais / ça me PLAIRAIT / mais bon je je suis pris là haut donc euh / c'est vrai que / mais c'est vrai que bon je / c'est comme aller aux fêtes tout ça quand Rh il nous invite pour aller euh / il y a des pour aller euh il y a des fêtes à la Calandrette et c'est vrai que / j'ai ENVIE d'y aller mais euh / mon emploi du temps fait que euh / la plupart du temps j'y vais pas / mais c'est vrai que bon c'est / de retrouver la Calandrette ça me fait toujours plaisir ////

"A l'extérieur de l'école on parlait français" (Cf5),
"c'est vrai qu'entre nous on parlait pas vraiment / occitan" (Ch3):

"l'occitan c'était plus dans la classe" (Ch2)[12] :

E1. dans la rue par exemple / déjà en sortant de l'école dans la rue ?
Ch3. alors si c'était avec des euh / donc des des des élèves enfin ou des / des copains de classe qui étaient avec moi on par enfin // je pense que quand on sortait non on reprenait le français par contre / ouais / je pense qu'on sortait en Calandrette / et puis bon // ça s'y prêtait / bon sauf quand j'allais chez Rh ou euh manger un soir chez Rh où là bon on parlait occitan enfin je parlais avec lui parce que bon mes parents parlent pas mais c'est vrai que chez moi comme mes parents parlaient pas occitan on / bon des fois mon père il disait quelques mots parce qu'il en connaissait quand même quelques uns donc on discutait un peu mais c'était bon assez limité / et puis tous les copains que j'avais en dehors bon de / de l'école parlaient pas occitan non plus / donc les seuls moments où j'ai parlé ici occitan / en dehors de l'école c'était pendant les grandes vacances quand je montais en Lozère là j'ai / j'avais des amis paysans qui me parlaient le patois / bon moi je leur parlais occitan eux ils me parlaient patois et on se on se comprenait à peu près / donc ça doit être les seuls moments où j'ai parlé euh / patois en dehors de
E1. et là ça vous arrive encore ?
Ch3. de parler occitan ?
E1. ouais
Ch3. oui / mais pas trop / enfin / maintenant / le gros problème que j'ai c'est mm alors je pense que c'est dû à l'italien et puis dû aux années qui ont passé aussi // euh c'est que je fais euh / un amalgame un peu entre l'italien et l'occitan // donc j'ai un / peu de mal à / à parler occitan // bon euh // ça vient / et puis alors le patois maintenant qui ressort parce que bon j'ai / donc c'est vrai que moi je c'est / c'est plus vraiment de l'occitan que je parle c'est un peu / un *mescladis* de tout
E1. mm mm / et vous le parlez dans quelles occasions donc quand vous remontez en Lozère ?
Ch3. mm mm
E1. il y a d'autres endroits où ?.
Ch3 non
E1. non ?
Ch3. je crois que // non pour le moment il y a que // ou bon / des fois il y a eu des viticulteurs ici mais bon c'est beaucoup plus rare déjà / c'est plutôt là haut ouais OÙ / quelquefois avec Rh mais j'ose plus parce que comme mon occitan est pas trop / je préfère lui parler en français

[12] Voir les témoignages concordants recueillis par C. DOMPMARTIN-NORMAND (2002 : 40 et 2003 : 291)

comme ça [rire] / je suis sûr de pas faire de // bêtises

E1. et en dehors / de la classe / ou avec des amis que vous rencontriez qui parlaient occitan est-ce que ça vous est arrivé de parler occitan ?
Cf4. mais moi ça me mettait plutôt mal à l'aise de parler occitan [rire]
E1. oui pourquoi ?
Cf4. je sais pas / non je sais pas du tout mais c'est vrai que souvent euh // et même maintenant ça arrive que mon ancien instit Rh / je sais pas si / vous devez peut-être connaître ce nom ?
E1. mm
Cf4. il appelle des fois chez moi parce que c'est un ami à mes parents et c'est vrai que des fois il nous parle en occitan au téléphone [rire] / et c'est vrai que ça fait bizarre parce que euh / moi je parle en français tout le temps quoi et c'est vrai que d'un coup euh / ouais ça me faisait / ça me fait bizarre / ça me met mal à l'aise de parler occitan de //
E2. quand vous le parliez dans l'école ?
Cf4. dans l'école non /
E2. mais si vous retournez / si vous allez maintenant hein vous allez faire un tour dans une Calandrette // où ça parle occitan ?
Cf4. disons que déjà / enfin j'y arriv / enfin déjà je suis moins à l'aise en occitan que / que ce que j'étais à XX parce que forcément de plus trop le parler / de faire une heure d'occitan par semaine au collège quoi c'est pas / ça fait pas vraiment travailler et euh / bon déjà je suis mal à l'aise de ce côté-là parce que j'arrive pas il y a des mots qui me MANquent encore quoi / et euh // bon je l'année dernière j'avais été de temps en temps à la Calandrette justement parce que j'avais euh j'avais option occitan en / en / pour le BAC / j'allais de temps en temps dans la classe pour euh justement pour m'imprégner de la langue entendre parler occitan / entendre les enfants parler // et c'est vrai que j'essayais mais j'ai je SENS qu'il y a quelque chose qui me bloque quoi / c'est pas / ça vient MOINS naturellement qu'avant quoi / c'est / ça fait bizarre quoi [rire] // oui /
E1. et c'est / ça vient / ça viendrait de la peur de mal parler ou euh de la gêne de mal parler ou c'est d'autres d'autres choses ?
Cf4. ben euh déjà parce que bon la PEUR de mal parler [rire] parce que quand je vois mon ancien instit et que j'arrive pas à lui / à parler devant lui déjà ça me / ça me gêne parce que / je me dis qu'il doit voir qu'il me reste plus trop euh / enfin que j'ai j'ai moins d'automatismes qu'avant / bon il doit s'en rendre / enfin il doit le savoir quoi / il doit s'imaginer que je parle pas aussi bien que / qu'en CM2 mais / et puis même naturellement ça vient ça vient MOINS quoi / j'ai moins les / j'ai plus les automatismes

E1. et [les] mots en occitan ça sortait à quelle occasion ?
Cf5. ben des fois peut-être pour [rire] pour se dire des bêtises ou alors s'insulter ou / mais après si en occitan par contre euh / devant les instituteurs quand on parlait aux instituteurs jamais euh on / on va leur parler en français même dans la cour / même à l'extérieur quoi / par exemple si euh avec mes parents on allait manger euh / chez Rh / moi il me parlait en occitan et je répondais en occitan / même maintenant quand X / s'il téléphone chez nous il va me / il va me parler euh / au début en français parce qu'il sait pas qui c'est / puis quand il sait que c'est moi il va me parler en occitan / je vais essayer de répondre et euh / je sais pas pour moi c'est euh / je croise quelqu'un qui a un rapport avec la culture occitane je vais lui parler à / oui il va essayer de me parler en occitan / moi je vais essayer / je vais essayer de répondre quoi / même si euh l'apprentissage avec l'espagnol / après / puisque au collège et au lycée j'ai pris l'espagnol / ça / ça a beaucoup pertur / enfin perturbé de / de / parce que il y a certains mots qui se ressemblent / donc euh / des / j'aurai tendance à pas bien prononcer euh / à faire des / des amalgames tout ça / je pense que bon aussi pendant une semaine je vais euh / avec des gens qui parlent occitan donc ça reviendra quand même / enfin comme avant je pense
E1. mm
Cf5. c'est une question d'habitude / parce que c'est resté quand même euh / derrière dans ma mémoire au fond
E2. *e dins l'encastre familiar X de lo parlar ambe vòstra sòrre ?*
Cf5. euh non / on parlait pas avec / avec Cf4 euh ça pouvait arriver si pour s 'amuser peut-être euh / mais euh / c'est vrai qu'en fait on est trois sœurs et euh / ma sœur étant plus âgée elle a pas / elle a pas pu passer par le système de la Calandrette / parce que elle était déjà dans une école euh traditionnelle quand / quand nous on est allées / et donc que comme on était essentiellement toutes les trois ENSEMBLE qu'on faisait / c'était un peu l'exclure que de faire ça et puis en plus au moment où on était en / on avait des jeunes filles au pair étrangères aussi quand on était toutes petites donc euh c'était pas / c'était pas trop / ça allait pas trop de pair pour parler occitan / si ça devait nous arriver aussi pareil mais euh / et c'était essentiellement à l'école / quand même l'occitan c'est essentiellement à l'école /
E1. mm / et les grands parents ils parlaient pas occitan ?
Cf5. non euh / mon grand-père parlait un peu occitan / mais c'était / il disait des mots euh comme ça euh à table / il aimait bien sortir deux trois phrases / mais c'était du patois c'était vraiment / c'était //

Ch6. oh non / je / non / puis je pense que je commençais à l'oublier un peu / parce que euh il y avait eu des tentatives de continuer avec la Calandrette en sixième / Rh avait instauré des cours le soir pour les pour les anciens euh une fois par semaine ou toutes les deux semaines on se rencontrait / mais je crois que progressivement on a arrêté ce qui fait qu'il y a plus de contacts avec l'occitan et j'ai pas / pas cherché à continuer donc je pense que / au bout d'un moment j'ai progressivement euh oublié

Ch6. ah oui j'aurais bien aimé euh pouvoir / continuer à / oui à rencontrer / euh il y a pas de lien entre les anciens élèves et les nouveaux élèves moi je serais bien venu pour euh / c'est peut-être moi aussi qui ai pas / qui ai pas / fait la démarche mais / on a fait des / un voyage ensemble et puis ensuite c'est tous euh / tous séparés /
E1. vous auriez continué à participer différemment mais un petit peu à à ce qui est l'occitan ?
Ch6. oui oui oui/ oui / et je / bon ça c'est peut-être même particulier euh / au Languedoc je pense qu'en Béarn euh / parce que j'ai rencontré euh des *calandrons* de / des Calandrettes béarnaises qui passaient le le Bac en même temps que moi et eux euh eux ils étaient encore dans le cercle euh occitanistes/ bon ça tient peut-être aussi à l'influence familiale et à tout un tas d'autres / facteurs mais euh ils étaient quand même / ils participaient aux fêtes / ils participaient / il y a eu un congrès de /
E2. X
Ch6. voilà / en 98 je crois où 99 je sais plus
E2. euh 2 ans
Ch6. voilà / donc LÀ ils ont participé / moi j'ai essayé d'y aller et je n'ai pas pu mais euh/ j'aurais bien aimé // voilà

Ainsi la désaffection à l'égard de la langue occitane est patente. A une exception près, les enquêté(e)s sont incapables de répondre de manière continue en occitan à E2 lorsque, dans l'entretien, celle-ci passe, à dessein, du français à l'occitan. La plupart sont "très gênés" :

E2. *e avètz parlat justament d'aquel blocatge ligat a / de professors del collègi qu'avián pas la meteissa pedagogia / de que vos rapelat aqui de la dintrada al collègi ?*
Cf1. euh / euh *es / son los professors que avián* euh */ a Calandreta / avián ? / una / una organisacion que fasiá que los los enfants podián / dire* euh *lo que / lo que pensián /* [rire] je mélange
E2. vous pouvez continuer en français
Cf1. d'accord et / non en fait c'est c'est ça l'organisation se faisait euh / c'était les enfants disaient ce qu'elles pensaient /

E2. e quin viscut vos demòra ara de la /vision de la Calandreta de Besièrs ?

Ch1. je vais avoir des problèmes pour répondre en occitan [rire] parce que ça fait vraiment longtemps euh / ma vision euh / ff c'est vraiment un côté affectif

E2. euh par rapport ambe la Calandrette */ es que vos vos rapelatz euh / cossi era l'ambient dins la classe ?*
Cf2. je te réponds en occitan ?
E2. coma volètz
Cf2. non / l'ambiance ?
E2. mm
Cf2. oui non / c'était bien je pense que comparé aux autres écoles on avait un peu plus de / de complicité entre élèves

E2. *e aprep parlan de la gramatica e tanben del vocabulari i a pas de mescladis entre l'occitan e l'espanhol ?*
Ch2. / s'il y avait beaucoup mais en fait comme je / je faisais plus l'occitan quand j'ai commencé l'espagnol / l'espagnol a pris le dessus a tout brouillé / et c'est vrai qu'au début j'ai j'étais pas très sérieux et j'apprenais pas toujours mes leçons et cetera

E2. *e pensatz qu'a l'ora d'ara podètz encara parlar l'espanhol o l'inglés ?*
Cf3. /mm non // enfin je parle pas l'espagnol ni l'anglais euh couramment je / je prends des cours toujours d'espagnol je suis obligée / mais je le parle pas couramment / à l'écrit peut-être quelques mots euh / quelques phrases mais / difficile

E2. *justament de parlar de Calandreta / que vos rapelatz de la vostra vida dins la classa ?*
Ch3. euh // ouais si oui je m'en rappelle euh // je m'en rappelle ouais un peu / mais plutôt la la fin euh / la dernières années CM1 CM2 /

E2. *e ara qu'avètz X de la Calandreta / es que vesètz de causas que son d'amelhorar ?*
Cf4. /// on peut répondre en français ? [rire] / des choses à améliorer ? c'est ça hein ?
E2. mm mm
Cf4. euh / je sais pas j'idéalise un peu euh /
[. .]
E2. *e avetz pogut contunhar de parlar la lenga en defòra de l'escòla o pas brica ?*
Cf4. non / [rire] / pas *breico* [rire]

E2. . *e avetz l'astre de poder parlar la lenga en defòra / del temps aquí / à l'escòla ?*
Ch4. ah j'ai pas compris le début
E2. . *avetz / la possibilitat de parlar la lenga en defòra del temps ? /*
Ch4. euh euh non / non //
E1. *e en defòra del temps de classe aquí / quant* euh / *i aviá los corses de la Calandrette / es que los enfants podián parlar la lenga entre eles / en defòra de la classa*
Ch4. euh *oc / podián*
E2. . *e se fasiá ? / o pas ?*
Ch4. *non pas trop* / X parlions *en francès* / euh / en
E2. merci
[...]
E2. *e a l'ora d'ara / es que pensatz que / podetz PLA parlar encara l'occitan ?*
Ch4. euh / ff / *un pauc* / mais / *mens* qu'avant
E2. *per de que ?*
Ch4. *per de que* / ff / *ai perdut un pauc* X /
E2. *e a ton vejaire / de n'aveire perdut un bocin o / pas mai qu'aquò*
Ch4. euh / *un pauc* quand même / *per* / parce que / *per de que* [rire] euh euh / allez / j'arrive pas à le dire / parce que des fois je vais chercher les mots et donc voilà
E2. *podetz contunhar en francés* euh / *si que non*
Ch4. et euh / ff / après sinon // ben oui c'est surtout par rapport à ça que ça me gêne / après non ça va

E2. *e sabetz per quina rason vos parents vos avián inscrich en Calandreta ?*
Cf5. hum / je vais pas savoir répondre en occitan / je comprends / je vais pas savoir parce que ça va / ça va me / je vais / je vais / un séjour en Italie / j'ai mélangé entre l'espagnol l'italien [rires] l'anglais donc euh
[...]
Cf5. et ben on racontait / on racontait nos histoires / le / le lundi matin on avait notre cours notre / il s'appelait euh / comment ça ? / "*qui a de nòu ?*"
[...]
E2. *e pensatz que serià aisit per vautre de tornar cap a la lenga per l'aprene a parlar?*
Cf5. euh j'ai pas compris la / la fin de la
E2. *de tornar parlar la lenga / es que serià ausit per vautre de tornar venir cap a l'occitan o*
Cf5. si si / je pense que / ce que je disais / [...]

E2. e justament que pourriás parlar d'aquel ligam qu'existis entre lo regent e l'escolan en Calandreta?
Cf6. c'est un ami / c'est c'est un ami oui / on l'appelait par son prénom /[...]

E2. de que me podetz dire de la ligason entre lo regent e los escolans dins l'encastre des Calandretas?
Ch6. je vais répondre en français [rire] si vous voulez / mais euh /

E2. *e a l'ora d'ara pensatz que podetz plan encara parlar l'inglés o / l'espanhol ?*
Cf7. très peu parce que je l'ai plus pratiqué depuis euh // euh / quelle classe j'étais ? ben seconde

Ils en viennent même à considérer comme "exotique" leur pratique sociale occasionnelle de l'occitan hors-*Calandreta* :

Cf1. / mais / ça fait plaisir de / ben souvent des fois on le ressort quand / quand on se retrouve entre / entre anciens *calandrons* / des fois on commence à reparler et / et je sais pas ça / ça fait de bons souvenirs de / bon / que ça change aussi du quotidien on parle toujours en français et de / d'entendre toujours la même / pas toujours les mêmes personnes mais / c'est / c'est un peu un exotisme / c'est comme si on partait quelque temps dans un pays étranger et que / on profitait d'être / en contact avec des gens et de / parler euh / une langue avec eux / différente du français

En définitive, c'est la question de l'*utilité sociale* de l'occitan qui est posée plus ou moins explicitement, même si la référence au plaisir de (re)parler la langue est bien présente :

Cf5. [...] à la différence de / de / d'un bilinguisme traditionnel / l'occitan c'est pas une langue qui est parlée par tout le monde donc euh / je l'ai euh / je l'ai pas vraiment euh / c'est vrai que ça a pas un côté UTILE pratique quoi / au niveau de / enfin au moment où je / je même pas / si je mets sur mon CV pour me présenter à un boulot que je sais parler occitan il y a pas de beaucoup de boulot / qui vont me dire "ah super euh tu parles occitan / ça va vachement nous aider quoi" / mais euh sinon euh / pour euh / d'un point de vue personnel oui ça / moi je suis contente de le savoir / mais me dire que si par exemple je me ballade dans un petit village et que je je lis des plaques en occitan ou que si je tombe sur un bouquin / sur un / sur un texte en occitan dans un journal /

> je sais que je pourrai le comprendre et le lire quoi / ça c'est un truc qui va vachement me faire plaisir / comme ça par hasard tomber sur ça euh // je suis tombée sur un / un bouquin de contes en français où ils ont rassemblé pas mal de textes et il y avait le "*Se canta*" traduit en français et / je suis tombée dessus et tout / tout d'un coup j'ai eu un petit sourire / de dire ah là là ils en arrivent à traduire des / des chansons en occi / d'occitan en français / enfin de retrouver ma culture comme ça / X c'est / je trouve ça super / ben je trouve ça chouette / bon c'est vrai que l'occitan des fois on a du / enfin X j'aime pas euh une / une pratique euh / je suis pas contente / et puis tout le temps / d'autant que / même si on se voit encore avec euh / mes anc / enfin mes copains / c'est pas / c'est pas du tout / on se voit pas régulièrement / ça fait pas partie de / de mon groupe d'amis euh que je vois toujours quoi

3. Un cas à part.

Ch5, "citoyen français de culture occitane" : "Ne pas oublier qui on est"

Le cas de Ch5 est très différent. Ce jeune *calandron* est le seul des interviewés à avoir continué à parler l'occitan et à l'avoir intégré dans son parcours universitaire. Il était, lors de l'entretien, en licence d'occitan et préparait également un DEUG d'anglais :

> Ch5. c'est une expérience / c'est / je dirais une expérience humaine / une expérience / ff / bon une expérience éducative / et une / une expérience c'est positif somme toute quoi une expérience que je serais / peut-être si j'avais été dans une école conventionnelle / tout aurait été différent / je ne sais pas mais / toujours est-il que / bon / je j'en retiens d'assez bons souvenirs / bon / je pense que ça m'a été / assez bénéfique
> E1. ça a eu des incidences sur ce que vous êtes / maintenant ?
> Ch5. euh / euh / à quel niveau ? / les incidences ?
> E1. vous auriez été dans une autre école / est-ce que vous seriez parti dans une autre direction ?
> Ch5. ben / déjà je continuerais pas à faire de l'occitan à la faculté pour commencer quoi / et bon / c'est sûr / c'est une question / c'est une bête question de connaissance ou de conscience quoi / c'est c'est à chacun de voir ça / mais / bon / déjà c'est clair que bon / si j'avais pas été en Calandrette je n'aurais pas été conscient de // je n'aurai pas été

conscient de l'importance que / que pouvait revêtir l'occitan / bon à part bon / notamment sa littérature / à part ce / part son prestige // de ce point de vue et / et / forcément je me serais / si j'en avais pas eu la conscience / je me serais pas enquiquiné à apprendre / à apprendre la la langue des grands pères au collège au lycée et de nouveau à la fac / enfin disons langue des grands pères / euh / j'aurais plutôt cette pensée-là que / là quoi / et / voilà ça été une expérience en plus une expérience culturelle / la / une expérience humaine / bon / pédagogique tout ça // et / et voilà quoi / et aussi / une faculté / une faculté je pense qui / qui me vient du fait d'avoir appris à / à parler la langue d'ici / une faculté de / d'aborder les langues plus facilement quoi / c'est à dire d'avoir certains mécanismes qui permettent de / d'aller vers / vers les autres langues plus / beaucoup plus facilement / alors que bon / euh / les langues étrangères / comme toujours du temps où j'étais écolier je dis bien / et que maintenant / ça commence à bouger / euh la la langue / une langue étrangère on ne l'apprenait qu'a partir de la sixième quoi / et alors que maintenant toutes les écoles se mettent / toutes les écoles primaires se mettent à mettre / par exemple de l'anglais quoi //

Lui n'a aucune peine à répondre en occitan à E2 :

E2. *e a la cort de la Calandrette de Besièrs / vous rappelatz si los escolans parlavan / francés o occitan dins la cort de recreança ?*
Ch5. *dins la cort de recreacion ?*
E2 . mm
Ch5. *ben / oc / ff / ben oc / n'arrivi pas ben aquela aquesta situacion en particular / mes a nostra epoca / bon la diglosia completament al revèrs* / euh */ es a dire que / bon // al trabalh parlàvem occitan / levat en cors de francés / bon dins la cort ben entre nosautres / parlàvem / parlàvem francés e nos fasiam engular en occitan que bon / nous adressàvem totjorn à Rh en / en occitan / totjorn / era / la lenga del mestre // es per aquò que / que fa un pauc sorire*

Et bien évidemment à dénoncer (non sans indulgence) l'usage du désignant "patois", ce qui le distingue, on le verra, de la plupart des autres enquêté(e)s :

E2. qu'est-ce que vous pensez des gens qui continuent / d'appeler l'occitan / patois ?
Ch5. // c'est / euh / c'est une façon de voir les choses quoi // que les / bon que la génération d'avant bon les grands parents appellent encore l'occitan patois je veux bien le comprendre / étant donné que bon c'est une idée l'idée que l'on a voulu leur incruster dans la tête // ff / mais bon

que des / que des gens / euh je sais pas qui ont la trentaine ou alors qui ont notre âge ou alors qui sont plus jeunes / disent "ouais c'est du PAtois c'est la la langue des vieux" ça ça c'est un peu plus alarmant quand même // euh / ff / quand je vois des étudiants qui passent dans le couloir et qui ne connaissent même pas / qui disent / "ouais / t'as vu il y a des cours de PAtois et tout / à quoi ça sert" bon / voilà quoi / c'est vrai que c'est un peu énervant sur les bords / mais à la limite bon les les gens qui disent PAtois / bon / c'est comme je l'ai dit / c'est c'est un peu énervant sur les bords / mais / quand on fait un petit effort de compréhension bon ça / ça passe très bien / parce que c'est / euh / c'est pas c'est pas par méchanceté / c'est plus par ignorance qu'autre chose / quoi ///

Ch5 se tient, durant une bonne moitié de l'entretien, sur la défensive : on dirait qu'il cherche à neutraliser sa subjectivité. A la différence de ses camarades, sa vision des *Calandretas* semble dépourvue de toute implication d'ordre affectif:

E1. qu'est-ce qui vous reste de / de positif dans la scolarité Calandrette ?
Ch5. ce qui me reste de / de surtout positif / et ce dont je me rappelle // avec avec / on va dire un bon sentiment / on va dire / c'est / le fait de de s'exprimer en classe beaucoup plus ouvertement / c'est-à-dire de donner son opinion de de / de manière beaucoup plus franche / euh / notamment à l'occasion de / bon des / *conselhs* / ce qu'on appelait les *conselhs* / les conseils / qu'on réunissait entre / on constituait entre / entre / écoliers avec l'instituteur / euh / où on disait les remarques / les propositions / bon dans les remarques on disait / bon / on faisait une espèce de résumé de la semaine / enfin de la journée pardon / et euh // dans les // propositions / on proposait ce que / on proposait des choses nouvelles pour avancer / que ce soit bon / pour cette journée / ou alors avoir un projet ou quelque chose d'autre que / bon / les critiques / c'était euh / qu'est-ce qui avait pas plu dans la journée / quoi enfin / des trucs comme ça // si un tel avait fait quelque chose à un autre / bon on disait "*critiqui* / machin *perque m'a fach aquò*" voilà / ce que bon / ce que les Calandrettes d'aujourd'hui ont repris avec le concept de de "*solelh nívol auratge*" / ce bon / euh ils disent comme "*solelha*" j'ai passé une bonne journée / "*nívol*" / bon moyen / et "*auratge*" alors là c'était la cata quoi / c'était cet espèce de principe d'expression franche et directe qui m'a plu la majeure partie quoi [bruit d'un camion qui coupe la conversation]
[...]
E1. en positif négatif / qu'est-ce qui reste comme souvenir des Calandrettes / donc je vous donne une liste / vous accrochez ça / vous

> mettez autre chose c'est pas grave // euh / bon la vie d'écolier en Calandrette / les classes / l'ambiance / la relation maître-élève // qu'est-ce qui vous accroche positif négatif ?
> Ch5. euh / classe / positif / ambiance / bon / ff // c'est entre les deux quoi qu'on peut dire / c'est l'ambiance d'une classe normale / quoi une classe comme une autre avec ses bons et / ses bons et ses mauvais côtés / bon parfois / voilà quoi
> E1. il y avait des choses plus / plus mauvaises côté euh Calandrette / que dans la scolarisation que vous avez eue par la suite
> Ch5. euh /// j'ai pas l'impression non / j'ai j'ai j'ai pas l'impression / bon / mis à part le / l'enseignement sportif qui est / était pas très développé et / et je pense que le / que l'enseignement / la méthode / bon le le le / la pédagogie proposée n'est n'est pas plus mauvaise ou / pas plus mauvaise qu'une autre // et // voilà quoi

On dirait qu'il se sent obligé de montrer qu'il est un militant sérieux, bien informé:

> E2. pour l'utilisation de l'occitan aujourd'hui / est–ce que vous êtes amené / bon / à dire / évidemment / à être en contact avec la culture occitane
> Ch5. oui / on se / en licence nous faisons donc un enseignement de spécialité qui se compose de bon / comment dire / en trois grands volets / à savoir / bon / linguistique / euh / histoire / his / histoire et histoire littéraire / et puis bon / littérature tout court / et aussi bon / du du côté de la linguistique nous faisons de la linguistique pure / bon c'est à dire / euh / en faisant bon des principes de phonétique avec euh bon la transcription dans API tout ça grammaire générative de Chomski etc / euh / nous faisons aussi de la dialectologie / nous faisons euh pour ce qui est de la la littérature nous faisons de la littérature moderne et médiévale / bon en littérature médiévale on travaille actuellement sur le roman de Jaufré
> [...]
> E1. et vous avez / travaillé avec Monsieur Lafont ?
> Ch5. ah non / Monsieur Lafont on est venus trop tard pour qu'il soit / pour qu'il soit chargé de cours avec nous donc
> E1. mais vous avez quelqu'un qui vous / qui vous enseigne un petit peu ce / ce qu'il a fait
> Ch5. oui parce que / oui oui / parce que / les cours sur la littérature baroque que nous faisions en / littérature moderne et en première et deuxième année sont basés sur une / une anthologie qui a été pondue par Lafont dans les années 70 / euh en suivant ce / les thèmes et les concepts qu'il a développés donc

E1. en littérature
Ch5. en littérature et bon euh aussi en sociolinguistique enfin / voilà quoi / euh la présence de Robert Lafont est encore très très marquée / il n'y a pas de souci pour ça eh
E1. mais sur le côté littérature pas linguistique
Ch5. si parce que / euh / en linguistique on nous a / euh Monsieur V / mon professeur nous a conseillé de nous conseillé notamment la lecture d'un livre qui s'appelle "La phrase occitane" de Robert Lafont je sais plus de quand il date quoi mais euh enfin voilà

Et le souci de présenter l'image d'un militant cultivé le conduit à faire état des connaissances acquises dans ses cours (l'API, Chomski...). Il peut même se tromper avec une grande assurance:

E1. des langues romanes / c'est surtout dans l'ordre du vocabulaire / est-ce qu'il y a aussi des / des facilités dans l'ordre / dans la syntaxe par exemple ? // dans la
Ch5. oui parce qu'il y a la syntaxe espagnole / la grammaire bon euh / est assez proche de de de la grammaire / de la grammaire occitane / euh / notamment bon sur certaines constructions comme bon le le / je crois le a / le "a plus infinitif" on dit / on on le dit aussi bien pour une action simultanée en espagnol qu'en qu'en occitan / c'est un exemple bon voilà / et /// puis bon / euh niveau phonétique / je crois pas qu'il ait de / je crois pas qu'il y ait de grandes de de grandes similarités / mais / et voilà
[...]
Ch5. pour l'anglais c'est / euh / disons c'est / ça a éveillé la curiosité / la curiosité qui qui poussait à / enfin ça m'a pas aidé au niveau technique parce que bon / l'anglais / l'anglais bon / a / a quand même quelques / quelques vestiges de latinité en lui mais / si c'est plus le sentiment de curiosité qui m'a poussé à étudier de l'anglais quoi
E1. curiosité par rapport à / à une nouvelle langue ?
Ch5. oui à une nouvelle langue qui soit pas de la famille de ma langue maternelle ou alors de de des langues de mon pays ou alors des autres langues de la Méditerranée bon / la Méditerranée on y vit tous parce que c'est et cetera / et / et étudier une langue d'origine celtique comme / comme l'anglais ou comme l'allemand ou alors une langue nordique comme les langues scandinaves / ça peut être toujours une une expérience très enrichissante / d'ailleurs en général les les meilleures études linguistiques qui aient été faites sur les langues romanes ou alors sur les langues latines ce sont des / ce sont des des romanistes / soit allemands soit scandinaves qui les ont faites

Sa rentrée au collège n'a pas été traumatisante mais il en garde une certaine amertume, qui n'est sûrement pas sans rapport avec la présentation particulièrement positive de lui-même qu'il développe dans l'entretien :

> Ch5. euh // je me souviens déjà de / de bon / de certaines difficultés / certaines difficultés administratives / bon / qui j'en ai pas connu moi même / mais que c'est / que ma directrice a connu / ben c'est elle qui s'occupait de mon dossier / étant donné que / la plupart des élèves des Calandrettes partaient / à Béziers euh / au collège Paul Riquet / seulement ce qu'il faut savoir / c'est que à ce moment là le collège Paul Riquet en général bon c' était / c'était // comment dire / disons le collège Henri IV c'était vraiment la la quintessence des lycées de Béziers / avec le Lycée Jean Moulin quoi / et / en fait / bon / mon dossier a failli partir à Paul Riquet / et donc ma / donc mon instit a bataillé / ma directrice Rf1 / à l'époque / avant qu'elle reprenne le centre *Aprene* et bon elle était / elle était directrice de l'école de Béziers / elle a bataillé ferme bon / pour que je / pour que mon dossier parvienne à Henri IV / ce qui n'a pas été facile / et / elle a dû s'accrocher / je la remercie d'ailleurs / mais / déjà quoi il y a eu une / déjà on sentait bien une / une envie de de mise de côté quoi / déjà // d'autre part quand je suis arrivé / donc au lycée collège Henri IV / j'ai fait les deux / euh / d'entrée / avec tous mes camarades de Calandrettes / on était / on était tous dans la même classe / à savoir une des classe les plus faibles // et ouais / parce qu'ils se disaient automatiquement qu'étant donné qu'on a qu'on avait une pédagogie différente une autre manière de / euh une autre manière de / de de d'être d'être éduqués entre guillemets qui soit pas pareil que / la manière conventionnelle / ils considéraient que ça pouvait créer pour nous de certaines difficultés donc / ils nous ont mis avec / dans une classe assez faible / et je me souviens / il y avait euh un collègue à nous / un collègue à nous qui prenait carrément de cours d'alphabétisation / ça veut dire comme ils nous considéraient quoi / et / euh et puis au bout du compte bon on a / on a réussi à tous à s'émanciper / d'une certaine manière / démontrer que / que NON on était pas aussi nuls que tout le monde voulait le croire / du coup / pas plus tard que l'année suivante on était / déplacés vers des classes entre guillemets un peu meilleures quoi / voilà / ça c'était un premier accueil et puis bon // comme comment dire bon / forcément l'ambiance était pas la même / quoi / euh / ff / l'espèce de / de / ff // je dirais que je qualifierais une espèce d'esprit succursaliste / c'est-à-dire / bon // ff / je sais pas / on reçoit les matières comme si on / prenait dans un rayon / comme ça / et puis bon / n'importe quel écolier vous dira bon ça fait

> bizarre un seul instit puis euh quinze profs / d'un seul coup ça fait / voilà / mis à part les sensations que je vous ai dites avant / bon il y a eu / les sensations normales / d'un élève / d'un nouvel élève de sixième quoi

Il fait état de sa frustration de ne pas pouvoir communiquer normalement en occitan avec un locuteur naturel comme sa grand-mère, mettant ainsi clairement en évidence le hiatus entre *occitan enseigné* et *occitan hérité* et donc l'absence de continuité de la communauté occitanophone :

> Ch5. ma grand-mère vit / ma grand-mère vit actuellement à Béziers / et de temps à autre ben / LÂCHE une phrase en occitan quoi / de temps à autre / et / ff / ce qui est frustrant ce que bon / c'est juste une phrase et encore une phrase / de manière très épisodique / et encore quand moi j'essaie de lui parler elle me comprend pas /
> E1. elle comprend pas ou ça la gêne ? / c'est la différence de dialecte ou c'est ou c'est que ça la gêne que
> Ch5. c'est à dire que j'emploie un vocabulaire qui / c'est un vocabulaire moderne quoi / qui a qui a qui peut lui paraître artificiel / étant donné que bon euh chaque fois elle me dit ça "non je comprend pas ce que ça veut dire"/ "moi je dis comme ça"/ machin / "toi tu as" "c'est une langue de savants" et bon euh / en général tous les vieux ils me ils me disent ça quoi / parce qu'il y a / y a un trou / entre la / la jeunesse occitanophone aujourd'hui et / la génération traumatisée avant quoi / mais / c'est sûr que bon / c'est sûr que bon quand on vous a expliqué qu'il fallait pas parler patois sinon / voilà on arrive on arriverait à rien dans la vie / c'est sûr que ça fait bizarre / je ne sais pas combien de / je ne sais pas combien d'années après de voir ses petits enfants comme / commencer / recommencer à parler occitan
> E1. et c'est ça leur a fait plaisir // à vos parents grands parents que vous y soyez ou
> Ch5. sans plus / on dirait sans plus / ma grand-mère aussi qui bon qui parle qui parle un peu occitan quoi qui est à l'origine de l'Ariège d'ailleurs ou de l'Ardèche je sais plus euh / ff / euh // et puis je sais pas enfin /
> E1. pas manifestement
> Ch5. je me rappelle d'une fois à Béziers / vous savez / je parlais / je parlais un peu occitan comme ça bon / bon je disais lâchais une phrase ou deux bon *terra maseta* ou une chose comme ça tiens j'ai dit X / depuis un moment elle fait comme ça / "mais il parle patois lui" [il imite la voix étonnée de sa grand-mère] comme ça elle fait / "et oui on l'apprend à l'université même" / donc bon / ça veut dire / que malgré tout elle n'a pas une idée très positive de / de // de la *lenga nostra* quoi /

S'il revendique son appartenance à un groupe minoritaire, il refuse d'être assimilé à un militant nationaliste, stigmatisé comme "intégriste":

> Ch5. [...] le fait d'appartenir à un groupe minoritaire / ça peut être agréable dans le sens où on sait qu'on n'est pas les seuls / bon notre cas peut peut s'appliquer / notre cas peut s'appliquer à plusieurs autres / plusieurs autres / groupes de ce style / bon / je veux dire
> E1. d'autres minorités ?
> Ch5. d'autres minorités / je veux dire / les / les Indiens du Chiapas au Mexique ils ont / ils ont exactement les mêmes problèmes que nous / c'est c'est le même problème / bon de // une force dominante qui essaie d'écraser le dominé quoi / euh // après bon le / ff / le côté négatif qui / qui peut y avoir dans / le fait d'être dans un groupe / minoritaire / c'est / euh / cet / cette espèce d'aspect qui qui me qui me désole souvent c'est le fait de toujours se retrouver souvent avec les mêmes personnes / de toujours revoir souvent les mêmes têtes / parce qu'une chose que j'ai souvent remarquée / et / et aussi le / ce que / comme côté négatif qu'on peut dégager c'est aussi les DÉRIVES que ça peut prendre / parce que bon les dérives il y a en toujours dans n'importe quel système de pensée humaine / il y a toujours des extrêmes que que que l'on peut atteindre beaucoup plus facilement que / que la modération quoi / bon / je veux parler bon / ça n'engage que moi / je veux parler des des des autonomistes / des NAtionalistes / des gens qui veulent une NATION occitane / alors que tout le monde sait que HISTORIQUE / historiquement et culturellement ce n'est / c'est quelque chose qui n'a jamais existé / ou alors qui a existé pendant / deux mois / je crois / avec le roi Pierre d'Aragon / au Moyen-Âge enfin / c'est vous dire / donc // donc voilà c'est / ce genre de dérives ça a souvent lieu quoi et / et bon / on l'a vu / on l'a vu avec / avec l'E. T. A. / on l'a vu avec le F. L. N. C. / on l'a vu avec l'A. R. B. beaucoup plus récemment / euh / ff / voilà quoi //
> E1. // est-ce que c'est difficile à vivre au quotidien ?
> Ch5. euh / ben disons que maintenant le / je pense que / ff / au niveau des cultures la tolérance est un peu plus grande quand même quoi / euh / ff / mais l y a encore des gens pour penser que nous sommes d'obscurs maurrassiens ou d'obscurs fascistes / ou que sais-je encore / bon / j'en veux pour preuve un article acerbe paru dans Charlie Hebdo il y a / il y a deux ans par rapport à la Charte des langues minoritaires / qui ne nous voyait encore que comme des / des / de foutus régionalistes qui restent dans leur coin et / qui sont fermés / à tout autre chose / alors que c'est bien / bien entendu le contraire / je sais pas à qui ils ont eu affaire / bon bref // X mais / souvent quand on souvent quand

on / se promène dans la rue en manifestant avec le drapeau occitan / je j'ai j'ai quand même une certaine / j'ai un peu quand même les tripes qui se serrent quoi / parce que j'ai toujours l'impression qu'on est mal vus / qu'on a toujours la / qu'on a toujours l'impression en se promenant avec le drapeau occitan dans la rue qu'on est considérés comme des nationalistes justement ou de ce genre de / minorité dans la minorité qui discrédite le reste quoi qui est beaucoup plus modéré et qui a une une avance beaucoup euh / beaucoup plus ouverte et beaucoup plus euh / réformatrice entre guillemets quoi / c'est à dire bon d'aller au fur et à mesure / euh / voilà quoi / je me rappelle bon on était / une fois on avait on a protesté parce que bon / il y avait une / une publicité de / Mac Donalds / c'était je crois pour des hamburgers qui s'appelaient X / enfin des trucs comme ça / et déjà bon le nom // déjà le nom / en soi-même les produits n'étaient pas très / valorisants et en fait ce qui nous a le plus / ce qui nous a le plus gonflés ben c'était / c'était la pub en elle même quoi / c'est à dire la caricature mais alors / du plus BAS étage quoi / c'est à dire des PÉPÉS en ringuette / en ringuette avec leur canne sur / un banc au soleil quoi / "tiens ça faisait longtemps qu'on n'était pas allés à Marseille oh ouais manger X" [prononciation avec le cliché phonétique caractéristique du Provençal] voilà pourquoi on passe quoi / c'est juste le / la vision que tout le monde veut bien se donner quoi / ça ça nous a gonflés quoi / et donc on a / on a distribué un / des prospectus bon / bon disant bon à quel point bon c'était c'était l'agence de pub qui avait fait ça était MÉprisante / était absolument / était condescendante avec les gens du Midi / et alimentait le stéréotype / qui a même pas besoin de / d'être plus alimenté que ça / et / donc voilà quoi / et / il y avait / aussi en même temps des lycéens qui manifestaient bon par rapport à / pour avoir plus de moyens pour leur bahut / je crois c'étaient des lycéens de de Jean Mermoz / qui nous ont traités d'intégristes // voilà / et / ça je dois avouer que / C'EST BLESSANT quoi / ça c'est très très blessant / et / voilà ça reste // oui voilà le le sort qui nous est souvent réservé /// c'est / enfin jamais très agréable quoi mais bon // souvent bon euh ff / euh souvent ben on nous dit / on nous dit souvent / "OUAIS c'est bien les Occitans vous êtes rigolos quoi machin etc" / bon mon père me dit "ouais continuez à être les Occitans rigolos de carnaval" et moi je dis "ouais tu as raison" enfin / euh / il y a souvent des manifestations on / auxquelles on a participé / on nous a dit / "les Occitans je vois pas ce qu'ils font là" / ou des trucs comme ça et / on nous dit toujours LES Occitans / c'est ça qui est dingue quoi / euh / les gens sont d'ICI souvent / mais les gens ils sont nés là / ils ont grandi dans ces quartiers-là et tout et ils nous disent LES Occitans / mais ils se considèrent pas de ça / et bon / le fait d'être mis à l'écart / comme le fait de se faire traiter d'intégriste c'est quelque chose

> d'assez euh / d'assez blessant / quoi

A la fin de l'entretien, il rejoint les autres enquêté(e)s dans leur appréciation globale positive du séjour scolaire en *Calandreta* en reconnaissant que "c'était chouette" :

> E2. et par rapport à vos / par rapport à vos souvenirs euh d'écolier à la Calandrette / est-ce que vous vous souvenez des sorties scolaires ?
> Ch5. sorties scolaires des des classes ouvertes ou des trucs comme ça ?
> E2. ouais
> Ch5. ff oh là là là là euh / je me rappelle / allez-y on va y arriver euh [rire] // je me rappelle d'une sortie en Bretagne qui avait été assez mémorable quoi / on était restés une semaine quoi / X on avait visité plein de trucs quoi / après en Bretagne je crois qu'on est retournés en 88 / euh je sais pas si ça se fait encore mais c'était euh / une rencontre sportive / euh des écoliers en langue minoritaire / un truc comme ça / donc il y a eu de tout il y avait des Frisons il y a eu des Ecossais enfin des Ecossais qui parlaient le gaël / il y avait des Irlandais / il y avait des Occitans Catalans X / et voilà quoi c'était bien
> E1. il y a personne qui nous a raconté le la sortie en Bretagne
> E2. non ça on a pas eu
> Ch5. ça et qu'est-ce qu'il y avait d'autre ? il y a eu un X à Barcelone / pendant une semaine / ff
> E1. et c'était bien ça / ça a marqué les esprits
> Ch5. mm mm oh c'était chouette

4. Un *discours épilinguistique* dans l'ensemble peu éclairé

Un symptôme sociolinguistique ne laisse pas de surprendre dans ce contexte : l'absence de distance avec le désignant stigmatisant "patois" (Boyer 2005), utilisé par les ex-*calandrons* pour nommer la langue occitane hors-*Calandreta*. Ainsi on voit émerger dans les discours épilinguistiques sollicités l'alternance occitan/patois à propos de l'opposition entre la *langue parlée à la campagne par les paysans* (de Lozère, par exemple), et la *langue de la Calandreta*:

> Ch3. [...] donc les seuls moments où je parlais ici occitan en dehors de l'école c'était pendant les grandes vacances quand je montais en Lozère là j'ai / j'avais des amis paysans qui me parlaient patois / bon moi je leur parlais occitan eux ils me parlaient patois on se on se

comprenait à peu près / donc ça doit être les seuls moments où j'ai dû parler / patois donc en dehors de /
E1. et là ça vous arrive encore ?
Ch3. de parler occitan ?
E1. oui
Ch3. oui mais pas trop en enfin / maintenant / le gros problème que j'ai c'est mm / alors je pense que c'est dû à l'italien et puis dû aux années qui ont passé aussi // euh c'est que j'ai fait un / amalgame un peu entre l'italien et l'occitan // donc j'ai un / peu de mal à // à parler occitan // bon euh / ça vient / et puis avec le patois maintenant qui ressort parce que bon j'ai / donc c'est vrai que je c'est c'est plus vraiment de l'occitan / que je parle c'est un peu / un *mescladis* de tout

D'où : occitan=langue de la *Calandreta* et patois=ce que parlent les paysans ("un *mescladis*") ...
Même représentation pour Ch6 :

E1. euh bon pour revenir sur le patois et l'occitan comment vous définiriez le le patois et comment vous définiriez l'occitan ?
Ch6. alors je sais pas si c'est exact ce que je vais dire mais pour moi le patois c'est euh / c'est ce que parlent justement les anciens dans les villages sans l'avoir vraiment jamais ni écrit ni euh / correctement prononcé ni ni vraiment euh / sans avoir reçu d'enseignement euh académique de la langue c'est euh c'est oui voilà / c'est plus des expressions euh / enfin c'est jamais très construit comme propos d'ailleurs généralement c'est plus euh/ on sent souvent quand on les écoute que ça part dans tous les sens qu'ils mélangent un peu euh / des influences qu'ils ont reçu oui euh de leurs parents de leurs voisins de leurs enfin on sent quand même que ce n'est pas un langue académique quoi que c'est un mélange

Le "patois" serait ainsi une sorte d'occitan impur :

E1. est-ce que vous faites une différence entre / l'occitan / et le patois?
Cf6. oui / quand même / euh enfin les petits vieux dans les villages ils parlent plus patois qu'occitan//
E1. et quelle est la différence donc entre le patois et l'occitan ?
Cf6. ah je sais pas s'il y a une différence euh // ou si ça se joue sur / moi enfin moi j'ai remarqué ça se jouait sur quelques mots / mais euh / j'ai pas remarqué une construction particulière
E1. et c'est en termes de vocabulaire ou en termes de prononciation la différence?
Cf6. euh un peu de vocabulaire / oui beaucoup de vocabulaire même // et prononciation / je sais pas / j'ai pas fait pas trop attention mais c'est

vrai que c'est plus une histoire de vocabulaire parce que bon j'ai jamais parlé vraiment OCcitan avec euh / cent pour cent occitan avec quelqu'un sérieusement / sauf avec ceux d'ici / pour moi l'occitan c'est ce que j'ai appris ici // c'est pas euh // sinon après ça se ça se joue sur les expressions sur les gens du village les papys quand ils parlent euh /// c'est des phrases banales en général
E1. mais eux / ils parlent patois ?
Cf6. voilà

Cependant le discours épilinguistique sollicité s'accompagne parfois d'une forte modalisation qui trahit un doute sociolinguistique :

E1. Est ce que l'on pourrait dire que le patois c'est les personnes âgées / et l'occitan c'est / ce que l'on parle maintenant ?
Cf6. non/ je pense que / plutôt c'est / ça a été / le patois ça a été de l'occitan déformé / par le français / je pense plus à ça enfin peut être que je me trompe hein / mais moi je pensais plus à ça / que l'OCCITAN c'était de toute façon euh / il y avait je pense des écrits // on apprend euh / justement euh // enfin peut-être que je me trompe enfin / quoi que qu'il y a quand même des différences suivant qu'on va dans les Cévennes ou si on / même sur Montpellier on voit la différence déjà dans les dans les vocabulaires // et je pense que bon / l'occitan que j'ai appris / ça reste quand même DANS les bases euh // anciennes ça reste des / assez conventionnel par rapport à la langue ancienne / et le patois PLUS du parler de la rue de l'oral euh

Telle enquêtée peut du reste passer d'une glose critique au stéréotype dans une même réponse :

E1. il y a des gens qui parlent du patois en parlant aussi de l'occitan
Cf4. oui
E1. qu'est ce que / vous en pensez?
Cf4. / pour moi c'est plutôt péjoratif
E1. mm
Cf4. euh "patois" euh oui "patois" c'est plutôt euh / plutôt ironique oui "elle me parle le patois" [rire] // non pour moi le patois c'est de toute façon c'était // euh / c'est c'est un terme général pour toutes les langues régionales euh donné à toutes les langues régionales mais c'est vrai que // après il y a l'occitan et puis euh // et puis c'est le véritable nom quoi / pour moi X je sais plus je on m'avait expliqué ce qu'était vraiment le / qu'on avait vraiment appris le patois et c'est je crois c'était // c'était langue d'oc XX / c'est pas ça? / je sais plus [rire] on m'avait expliqué je

> me rappelle plus mais je sais que c'est péjoratif / même / moi à chaque fois qu'on me disait "tu parles patois" / "non je parle occitan" // on m'a toujours dit que c'était l'occitan et puis / puis voilà moi j'aime pas trop ce qui est /// pour moi c'est plutôt les grands-parents qui parlent patois donc euh // sinon ils ne parlent pas vraiment un occitan // très riche quoi / bon c'est plutôt / c'est [rire] ça reste assez restreint quoi

En guise de contre-exemple on peut citer cependant Cf7 qui maintient "occitan" pour évoquer les voisins de sa grand-mère (dans le Tarn): "des fermiers qui parlent occitan [et qui] chaque fois qu'ils [la] voient [lui] parlent en occitan".

Au total (les exemples proposés sont représentatifs d'une très large majorité d'entretiens) un discours épilinguistique plutôt (voire très) approximatif, qui manifeste une grande confusion sur le plan des représentations sociolinguistiques et de la dénomination, quant à la distinction entre *patois* et *occitan* (ce qui n'est pas forcément le cas à propos d'autres questions abordées par l'enquête). Une confusion surprenante, mais qui rejoint les représentations dominantes en la matière, parfaitement stéréotypées[13], dans la *communauté linguistique* française, communauté qui reste forcément celle des c*alandrons*. Par ailleurs l'impact d'une certaine normativité (bien française) est évident dans le discours épilinguistique, autour de l'opposition *occitan/patois*. . Globalement, l' "occitan", *c'est ce qu'on a appris à la Calandreta*, c'est une "langue académique", ce que n'est pas le "patois"... Ch6 exprime bien ce *transfert normatif*: On a vu qu'il considère que le "patois" c'est "ce que parlent [...] les anciens", "un mélange", "jamais très construit". Cette représentation le conduirait même à l'acte magistral de correction (grammaticale), si le respect dû aux "aînés" ne le retenait (nous soulignons) :

> Ch6. [...] / ils ont pas une syntaxe très toujours très / alors <u>si c'était pas nos aînés on les reprendrait presque je crois</u>
> E1. mm mm
> Ch6. voilà je pense même que c'est arrivé d'ailleurs je sais pas/

[13] Et qu'expriment également des élèves de sixième, pourtant initiés à la langue "régionale", cités dans Dompmartin-Normand 2002 : 37 et 2003 : 288-289 : l'occitan "c'est une langue de vieux", "ça sert à rien", etc

Il est permis de voir là une sorte de sujétion à la norme scolaire, symétrique de la sujétion à la norme scolaire française, préjudiciable à un vécu sociolinguistique extra-scolaire ouvert, désinhibé, en rupture avec les idéologies linguistiques dominantes (avec une représentation idéalisée de l'*usage légitime*).

Car on sait que la configuration sociolinguistique actuelle de la France est le résultat d'un processus historique nourri d'une construction idéologique complexe (à base de *représentations linguistiques*, largement figées, articulées, composantes fondamentales de l'imaginaire communautaire des Français) : l'*unilinguisme* (Boyer 2001 et 2003) couplée avec une idéologie décrite par la sociolinguistique occitane comme *idéologie diglossique*[14], dont le désignant "patois" a été un instrument particulièrement efficace (Gardy et Lafont 1981, Boyer 2005)

En ce qui concerne l'*unilinguisme,* il s'agit d'une idéologie sociolinguistique pluriséculaire constituée de quelques représentations inter et intralinguistiques partagées, solidaires, qu'on peut sommairement caractériser ainsi :

- une *représentation hiérarchique des langues historiques* selon laquelle la langue française est seule dotée d'un" génie" qui lui donne vocation à l'"universalité", c'est à dire à supplanter les autres langues ;
- une *représentation politico-administrative*, liée à la précédente : le français ne peut qu'être *l'unique* langue *nationale*, officielle, sur le territoire national ;
- Une *représentation puriste/élitiste* de cette même langue : l'obsession d'*un seul bon usage* qui vise à illégitimer la variation et à stigmatiser la déviance.

En vertu de cette idéologie, le français n'admet ni la *concurrence* (ce qu'exprimait le projet de l'Abbé Grégoire "d'anéantir les patois" sur le territoire national) ni la *déviance* (c'est-à-dire tout ce qui n'est pas le "bon" usage)

Quant à l'*idéologie diglossique,* elle repose sur la conjonction de deux représentations des langues en présence : une *représentation de la*

---

[14] On parle également d' *idéologisation de la diglossie*. Voir en particulier Gardy et Lafont 1981 ; Boyer 1990

langue dominante (le français) et une *représentation de la langue dominée* (traitée de "patois", l'occitan en l'occurrence), parfaitement antagonistes. La fonction de l'idéologie diglossique est d'orienter cet antagonisme au profit de la langue dominante, car l'issue doit être une substitution en sa faveur, de sorte que la violence de cette logique de substitution est sinon totalement occultée du moins atténuée afin d'être acceptable. Comment ? Par le jeu subtil de représentations/stéréotypes apparemment contradictoires : "tout se qui se rapporte à la langue dominée est *à la fois dévalorisé et surévalué* (Gardy et Lafont 1981 : 71 ; c'est moi qui souligne).

D'où l'importance de dénoncer, ce que n'ont cessé de faire les sociolinguistes du domaine occitan, la désignation stigmatisante de "patois", pièce maîtresse du processus de substitution linguistique dans l'espace occitan, au profit d'un monolinguisme francophone. L'historique de ce contenu socio-cognitif discriminatoire d'une grande prégnance dont le désignant "patois" a été et reste investi (Boyer et Alén 2004) peut-être résumé au moyen de la figuration ci-après :

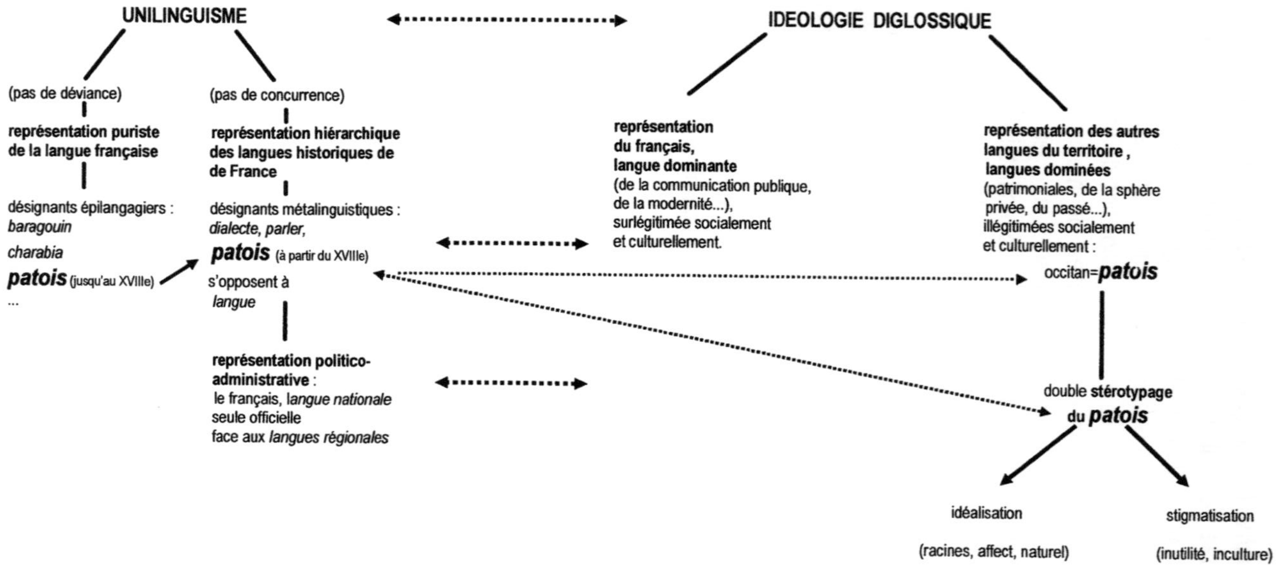

***PATOIS* AU SEIN DU DISPOSITIF IDEOLOGIQUE DE SUBSTITUTION LINGUISTIQUE**

Une hypothèse peut être avancée: ces ex-*calandrons* semblent avoir vécu négativement, d'un point de vue sociolinguistique, la rupture entre la scolarisation en *Calandreta* et la réalité de l'usage social de l'occitan (de la communication *ordinaire* en occitan), de plus en plus introuvable. Car, comme on l'a vu, l'occitan c'est bien la langue de la *Calandreta* (de l'école) et ce n'est même pas vraiment une langue de réseau : les liens se sont rapidement distendus avec l'institution aussi bien qu'avec les condisciples (malgré le regret souvent exprimé de cette situation et le fait que la plupart étaient présents à l'Assemblée Générale de Béziers pour les vingt ans de *Calandreta*) et la relation avec la mouvance culturelle occitane est réellement peu présente dans les discours des ex-*calandrons*. Loin d'être neutralisé, du moins sur le plan des représentations, le conflit diglossique franco-occitan (généralisé) dénoncé par la sociolinguistique "périphérique" est reconduit dans les discours de la quasi-totalité des ex-*calandrons* interviewés. La scolarisation en *Calandreta* est donc loin de déboucher sur un engagement occitaniste, comme d'aucuns pouvaient le rêver ou d'autres le redouter.

Une conclusion semble s'imposer à l'issue de l'analyse des entretiens : une scolarisation volontariste en langue dominée, limitée à la maternelle et au primaire, ne saurait compenser l'absence de transmission naturelle (intrafamiliale) de cette même langue, hors de toute *normalisation*[15] de ses fonctionnements sociolinguistiques (qui en ferait une langue de plein exercice sociétal) La scolarisation sans *normalisation* institutionnelle pourrait bien être en quelque sorte un coup d'épée dans l'eau : en rendant manifeste le handicap de l'absence d'utilité sociale de la langue enseignée, elle souligne immanquablement la situation de substitution avancée dans laquelle se trouve l'occitan (Boyer 1999).

[15] On sait que la *normalisation*, dans la terminologie de la sociolinguistique catalano-occitane, suppose une autonomisation et une généralisation des fonctionnements sociaux de la langue jusque là dominée, dans tous les compartiments de la communication sociale. La normalisation ne peut évidemment se développer que sur la base d'une *normativisation* préalable (voir Vallverdú 1980 et Boyer 1991)

Références bibliographiques :

BOYER H. (1990), "Matériaux pour une approche des représentations sociolinguistiques. Éléments de définition et parcours documentaire en diglossie", *Langue française,* n° 85, 1990, p. 102-124.

BOYER H. (1991), *Langues en conflit*, Paris, L'Harmattan.

BOYER H (1999), "Regards sur la situation sociolinguistique de l'espace occitan", *Plurilinguismes* n° 17.

BOYER H. (éd.) (2000), *Plurilinguisme: "contact" ou "conflit" de langues?* , Paris, L'Harmattan, 1997.

BOYER H. (2001), "L'unilinguisme français contre le changement sociolinguistique", *dans* M. Matthey éd., *Le changement linguistique, TRANEL*, n° 34/35, Institut de Linguistique, Université de Neuchâtel.

BOYER H. (2002), "Sociolinguistique : faire corpus de toute(s) voix ?", *Mots, Les langages du politique* n° 69, 2002, ENS Éditions, Lyon, p 97-102.

BOYER H. (2003), De l'autre côté du discours. Recherches sur le fonctionnement des représentations communautaires, Paris, L'Harmattan.

BOYER H. (2005), "PATOIS". Continuité et prégnance d'une désignation stigmatisante sur la longue durée", *Lengas* n° 57.

BOYER H. et ALÉN GARABATO C. (2004), "*Occitan, patois, provençal*... dans l'enquête "Famille" de l'INSEE-INED (1999) : les dénominations de la langue d'Oc", *Lengas* n°56.

DOMPMARTIN-NORMAND Ch. (2002), "Collégiens issus de *Calandreta* : quelles représentations de l'occitan ?", *Langage et Société* n° 101.

DOMPMARTIN-NORMAND Ch. (2003), "Ex-calandrons au collège : quelle évolution pour les représentations sur la langue régionale et la motivation pour l'apprendre ?", dans *Contacts de langues. Modèles, typologies, interventions,* sous la direction de J. Billiez, Paris, L'Harmattan.

GARDY Ph., LAFONT R. (1981), "La diglossie comme conflit : l'exemple occitan", *Langages* n° 61.

HÉRAN F., FILHON A., DEPREZ Ch. (2002), "La dynamique des langues en France au fil du XXe siècle", *Population et Sociétés* n° 376.

LABOV W. (1976), *Sociolinguistique*, Paris, Éditions de Minuit.

LAFONT R. (1984) "Pour retrousser la diglossie", *Lengas* n° 15.

VALLVERDÚ F. (1980), *Aproximació crítica a la sociolingüística catalana*, Barcelona, Edicions 62.

Rebats mirgalhats d'una polida aventura... Quelques réflexions à propos de l'enquête et de ses analyses

Patrice Baccou

Depuis 25 ans qu'existent les *Calandretas*, très peu d'études sérieuses ont été entreprises pour essayer de comprendre l'impact pédagogique et linguistique d'une telle expérience, laissant ainsi libre cours à toutes les idées reçues, généralisations ou fantasmes.

Je tiens donc en tout premier lieu à remercier Henri Boyer et Carmen Alén Garabato pour avoir pensé et mené à bien ce travail.

J'ai lu avec grand plaisir toutes les enquêtes, et puisque je connaissais bien les enquêtés, les ayant eu en classe plusieurs années, j'ai retrouvé avec émotion dans ces jeunes adultes certains traits des enfants que j'avais laissés à dix ans.

La lecture a été suivie d'échanges très riches avec les différents rédacteurs, ce qui me permet de réagir à propos de certaines questions ou points d'analyse.

Ma première réaction porte sur les attentes prêtées aux promoteurs des *Calandretas* : étaient-elles sociolinguistiques (avaient-ils la volonté de "réoccitaniser" la société) ou plutôt pédagogiques ?

Je n'étais pas parmi les tout premiers fondateurs de *Calandreta*, mais je sais que ces deux composantes du projet *Calandreta* sont probablement présentes depuis le début, qu'elles sont indissociables et aussi fortes l'une que l'autre. Du reste ces attentes n'étaient pas ancrées sur une réalité objective. Les *Calandretas* n'ont pas été fondées avec une "feuille de route" particulière. Le propos était plutôt de placer l'enfant en tant que personne au centre du dispositif pédagogique, dans un processus d'immersion en langue occitane.

Par contre, ce que souligne l'analyse des résultats de l'enquête, c'est que dans la plupart des entretiens, les anciens des *Calandretas* semblent avoir peu de recul par rapport à la langue occitane, à sa norme et à son statut, alors qu'ils analysent tous assez finement la pédagogie mise en œuvre dans l'école.

Ils ont en effet vécu "d'en dedans" les pratiques pédagogiques caractérisées par des institutions de classe comme le "*Qué de nòu?","lo conselh","las colors de competéncia"*... Ils peuvent même, avec leurs mots et une vision très personnelle s'en faire en quelque sorte les ambassadeurs.

Dans le domaine de la langue, la méthode de l'immersion rend l'apprentissage de l'occitan beaucoup plus efficace. Est-ce parce que ce processus d'apprentissage échappe presque totalement à la conscience ? Tout se passe comme si, par contrecoup, le changement d'angle de vue que constitue la prise de conscience et la maîtrise du discours à propos de l'objet" la langue" devenait plus compliqué. Nous pratiquons bien sûr, dès le primaire, pour tout ce qui concerne l'analyse grammaticale par exemple, un travail sur la langue en tant qu'objet. Pour ce faire nous partons de la comparaison avec le français par la méthode dite "*de las palancas*", dans un effort de didactique contrastive.

En ce qui concerne par contre le statut de la langue occitane, la diglossie très accentuée que subit cette langue ainsi que son image très dégradée dans la société médiatique, notre discours est certainement encore un peu flou. Cela expliquerait que, quand les enquêtrices questionnent les ex-*calandrons* à propos du patois, leur réponse est hésitante et peu claire. Ce mot de patois n'est bien sûr jamais employé en classe et c'est peut-être la raison pour laquelle son contenu idéologique n'est pas explicite pour les enfants. D'autre part, on peut émettre l'hypothèse qu'une part des représentations qu'expriment les anciens de *Calandreta* au sujet de ce concept de patois se s'est forgée après leur passage en primaire.

De même quant à la norme : l'occitan n'est pas *lenga grata* dans la société française. Mais comme, pour eux, elle a quand même été la langue de l'école primaire, on peut imaginer qu'un certain conflit s'installe à propos de la norme. Peut-être n'osent-ils pas répondre à

E2 en occitan par peur de se tromper, c'est ce que la psycholinguistique nomme la latophobie, et probablement ressentent-ils un peu de gêne vis à vis de moi lorsqu'ils me rencontrent. On peut faire l'hypothèse qu'une certaine honte de ne plus pouvoir me répondre en occitan vient s'installer entre nous.

Je vois là un axe de recherche intéressant et un travail utile que nous pourrions mener au sein des *Calandretas*. Ne nous sommes-nous pas inconsciemment auto-censurés en ne nommant pas, en n'affirmant pas, en n'explicitant pas ? Peut-être nous sommes-nous laissés intimider par la pression ambiante et le reproche, prompt à jaillir, de faire de l'"extrémisme" ou encore d'enseigner dans une logique de "fermeture"?

La peur aussi d'aborder de front le terrain idéologique ou politique en classe...

Quelques pistes pourraient être utilement explorées : Quel discours pouvons-nous préparer et diffuser auprès des enfants à propos de l'absence de statut de l'occitan en France ? Au sujet de son usage social ? Sommes-nous vraiment, nous les enseignants et les associatifs des *Calandretas*, d'accord entre nous et au clair à ce sujet ? Un travail précédent, réalisé par un groupe de *regentas* et de *regents* des *Calandretas* avec Robert Lafont avait déjà défriché le terrain de la langue du sujet, et souligné le besoin de créer ou de développer de nouveaux lieux de socialisation de la langue. Par exemple des endroits du type "club d'anciens" ou "cafés occitans".

Une autre question, un tantinet provocatrice, m'a été posée dans le cadre de cette étude : dans un pays aussi marqué, je dirais pour ma part aussi handicapé, par son monolinguisme, y a-t-il une place pour un système alternatif qui se cantonnerait au primaire, puisque les enfants retombent tous, au collège puis au lycée, plus ou moins dans la norme, ce qui est la marque même de l'adolescence.

Cette question de l'utilité, voire de la rentabilité me semble un peu limitée. Tout d'abord, on peut se réjouir : les *Calandretas* ne "fabriquent" pas des inadaptés, mais des enfants et des adultes qui s'adaptent tout à fait à leur société. Ils sont détenteurs de compétences peu valorisées par la société française. C'est tout. Il faudrait ensuite relativiser quelque peu les résultats de cette enquête, et probablement en réaliser une autre portant sur une population plus large. Celle-ci n'a touché que les pionniers de l'école en occitan.

Enfin, pour autant qu'il faille le faire, il me semble que le meilleur argument que l'on puisse trouver pour répondre aux accusations de sectarisme, voire de communautarisme que l'on nous adresse souvent, c'est la comparaison entre les réponses de Ch5 et de Ch6.

Ces deux enfants étaient dans la même classe. Ils ont suivi la même scolarité, mais l'ont vécu et l'analysent de façon diamétralement opposée. Et les arguments de chacun sont subtils et respectables. C'est pour moi, d'abord, une belle leçon de modestie mais aussi une grande fierté.

Je finirai en redisant tout l'intérêt que je trouve à ce travail, et la nécessité de le poursuivre et de l'élargir par une nouvelle enquête.

Représentations sociales, pratiques et implication personnelle : un regard psychosocial sur l'expérience des *Calandretas*

Michel-Louis Rouquette

Depuis une quinzaine d'années, un grand nombre de recherches empiriques ont montré l'influence déterminante des pratiques de toute nature sur les représentations sociales (pour une vue synthétique, cf. Abric 1994 ; Flament et Rouquette 2003 ; sur la théorie correspondante, Rouquette, 2000 ; pour une étude de cas génétique, Guimelli 1998). Il apparaît que la mise en place, le développement et la transformation des processus représentationnels dépendent largement des conduites et de l'institutionnalisation de celles-ci. En d'autres termes, ce ne sont pas les idées qui agissent sur les idées, mais les façons de faire qui modifient éventuellement, lorsque certaines conditions sont réunies, les façons de penser.

S'agissant de la scolarisation en *Calandreta*, on peut distinguer chez les élèves deux niveaux de pratiques différents : une pratique linguistique (en l'occurrence l'apprentissage précoce de l'occitan dans un cadre institutionnel) et une pratique pédagogique reçue (que l'on peut dire globalement de type Freinet, développée dans le même cadre par les mêmes acteurs). Notons respectivement Pl et Pp ces deux niveaux ou aspects de pratiques. Les représentations correspondantes, en tant qu'élaborations de l'expérience vécue et guides pour l'action, touchent donc directement aux langues et à la relation pédagogique. Là aussi, notons respectivement Rl et Rp. Si l'on croise, on obtient quatre cas : influence de Pl sur Rl d'une part, sur Rp d'autre part ; influence de Pp sur Rl et sur Rp.

Mais il faut sans doute introduire un troisième temps : l'incidence des représentations en question sur les pratiques ultérieures (en l'occurrence, les pratiques actuelles ou récentes des ex-*calandrons* dans le cadre pédagogique et linguistique, telles du moins qu'ils en rendent compte dans les entretiens). On a donc une séquence à vrai dire assez complexe que l'on peut figurer comme suit :

$$P_1 (l, p) \rightarrow R (l, p) \rightarrow P_2 (l, p)$$

L'empan pris sur la dimension temporelle (en fait plusieurs années, comme le commandait la nature même de l'enquête) rend l'interprétation des données relativement délicate, d'autant qu'on ne dispose pas de la possibilité d'établir des comparaisons systématiques avant-après, ni en matière de pratiques ni en matière de représentations, ni auprès des formateurs ni auprès des formés. Par ailleurs, le recrutement des anciens élèves interrogés repose sur le volontariat et sur des proximités de réseau qui sont de nature à biaiser un diagnostic d'ensemble. Cependant, la cohérence globale des observations recueillies et la confrontation de celles-ci avec les objectifs de l'action entreprise permettent de contribuer raisonnablement à une évaluation analytique.

Avant d'examiner ce que semblent indiquer à cet égard les résultats de l'enquête, et de manière à ne pas décentrer le propos, revenons précisément aux attentes ayant présidé, semble-t-il, à la mise en place des *Calandretas*. Les promoteurs et les acteurs de celles-ci font (ou faisaient), pour la plupart d'entre eux, les hypothèses suivantes :

1. L'apprentissage précoce d'une langue facilite les apprentissages linguistiques ultérieurs

2. L'apprentissage précoce d'une langue modifie la représentation de celle-ci

3. L'apprentissage précoce d'une langue entraîne une meilleure pratique ultérieure de celle-ci

4. Le fait d'avoir bénéficié de pratiques pédagogiques "d'éveil" a des effets évaluatifs sur l'appréhension de la relation pédagogique (celle-ci étant une composante ou une théorisation après coup du "vécu" de l'élève).

5. Le fait d'avoir bénéficié de pratiques pédagogiques "d'éveil" a des effets sur les pratiques pédagogiques ultérieures telles qu'elles sont

reçues en tant qu'élève.

Il existe bien entendu d'autres attentes ou d'autres secteurs d'attente comme le montre le développement systématique de la simple séquence mentionnée ci-dessus (qui aboutirait pour le moins à huit classes d'expectations). Mais celles que l'on vient de rappeler correspondent directement aux thèmes de la présente recherche, tels que le guide d'entretien suivi les a opérationnalisés. Qu'en est-il alors?

Schématiquement, on peut dire que les points 1, 2 et 3 ne sont pas confirmés par les observations : il ne semble pas que l'apprentissage précoce de l'occitan ait entraîné une facilitation ultérieure pour les autres apprentissages linguistiques ; il ne semble pas davantage que la représentation dominante de l'occitan comme langue plutôt liée à la tradition (notamment rurale) qu'à la modernité (typiquement urbaine) ait été modifiée ; enfin, de manière d'ailleurs corrélative, l'occitan n'est généralement pas utilisé de manière significative dans la vie quotidienne une fois que les élèves ont quitté l'école. Tout se passe comme s'il restait figé dans le statut de moyen pédagogique temporaire, avec de fortes connotations affectives et ludiques. Au niveau socio-cognitif de la catégorisation, l'instabilité ou l'incertitude de la distinction entre "patois" et "occitan" chez la plupart des témoins témoigne clairement dans le sens de ces remarques : "l'occitan" est légitimé par son statut académique et la normativité relative de sa transmission, tandis que le patois est la langue moins élaborée des campagnes, de ce fait moins recevable et moins légitime.

Seul le point 4 paraît effectivement correspondre au vécu rapporté par les anciens élèves : il existe pour eux de "bonnes" et de moins bonnes relations pédagogiques, en termes de satisfaction relationnelle. L'expérience en *Calandreta* est jugée très positive à cet égard par tous les témoins, et elle demeure référentielle, au point d'être assimilée par beaucoup à l'ambiance connue "en famille". Le passage au collège ressemble à une initiation plus ou moins difficile aux règles des institutions formelles et de la société civile.

Lié au précédent, le point 5 est également conforme à ce qui est généralement déclaré par les personnes interrogées, mais il est impossible de savoir, faute de comparaison, s'il existe un lien spécifique entre la scolarisation en *Calandreta* et la qualité de l'adaptation ultérieure au collège et au lycée. Il se peut par exemple que la décision prise par les parents de scolariser leurs enfants en *Calandreta* soit l'indicateur d'un intérêt intra-familial élevé pour les questions pédagogiques, intérêt qui s'est maintenu ensuite lorsque les enfants sont entrés au collège et au lycée. L'autonomie et la capacité de faire face qui sont reconnues et exprimées par certains dans les entretiens résulteraient alors de ce soutien parental permanent plus que de l'expérience vécue dans le primaire.

D'un point de vue psychosociologique, le commentaire que suscitent ces observations renvoie nécessairement à des mécanismes généraux et à l'insertion de la réalité examinée dans l'ensemble des logiques sociales. On notera alors que les attentes concernant l'effet cognitif de l'enseignement en *Calandreta* paraissent plus idéologiques que véritablement opérationnelles. D'abord parce que, centrées sur l'individu et son expérience relationnelle immédiate, elles négligent le statut social de la langue, c'est-à-dire son inscription dans des rapports d'autonomie ou de domination. Le fait que la langue anglaise et la difficulté du rapport à celle-ci soient mentionnées à plusieurs reprises dans les entretiens est à cet égard tout à fait révélateur. Le vide social dans lequel tombe l'usage de l'occitan en dehors de l'école n'en est qu'un autre témoin. D'autre part, l'insistance sur la composante affective de la formation et sur le confort psychologique des élèves correspond à un modèle éducatif de type "familial" qui est lui-même décalé – et pour tout dire infériorisé, relativement aux pratiques éducatives plus qualifiantes et plus prestigieuses, qui valorisent au contraire la performance et la compétition. Question d'*habitus*, dans la terminologie de Bourdieu, et invitation à adopter ici une perspective sociologique, par nature plus objectivante. On constatera alors, une fois encore, que les prises de position individuelles peuvent être significativement situées par rapport à des régulations collectives qu'elles expriment où dont elles découlent, fût-ce pour les combattre, alors que l'inverse n'est pas vrai. Il en va de même pour le privilège accordé par principe dans le cadre pédagogique aux motivations personnelles, que celles-ci rencontrent ou non les normativités ambiantes : à l'évidence, les motivations "orthodoxes" ou, si l'on aime mieux, "consonantes" avec les valeurs dominantes ont davantage de chances de trouver des renforcements positifs et des gratifications symboliques que les motivations supposées "authentiques" et profondes, mais qui apparaissent finalement comme marginales, voire stigmatisées par l'institution. Plus on avance dans le système scolaire, précisément, et plus cette distinction entre valeurs hautement légitimes et valeurs de facilité, de spontanéité ou de confort devient discriminante. Mieux vaut être efficace qu'heureux et réfléchi qu'enthousiaste. Mieux vaut aussi connaître le mode d'emploi social des divers ressorts psychologiques que l'on invoque pour expliquer les conduites, puisque certains de ces ressorts sont mieux jugés (et font mieux juger) que d'autres (cf. Dubois 1994).

Une autre approche encore, issue récemment de la psychologie sociale, est susceptible d'éclairer certains phénomènes mis en évidence par l'enquête. Il s'agit de prendre en compte dans l'analyse le rôle du facteur d'*implication personnelle,* qui semble pouvoir médiatiser aussi bien le rapport à l'institution scolaire et aux pratiques pédagogiques reçues que le rapport à l'occitan.

Pour l'essentiel, ce facteur résulte de la composition de trois dimensions : la proximité personnelle, la valeur attribuée à l'enjeu et la capacité perçue d'action. Esquissons ce modèle brièvement. Je suis impliqué au maximum lorsque la question abordée me touche directement, que je lui attache une grande importance et que j'estime y pouvoir quelque chose en agissant. Mon implication diminue lorsqu'une de ces trois dimensions au moins baisse d'intensité. Et elle devient tendanciellement nulle lorsque la question ne s'applique pas directement à moi, que son enjeu est à mon avis sans réelle importance et que de toute façon je n'y peux rien. Bien entendu, ces jugements ne sont pas formés en toute indépendance par une sorte de monade autonome; ils n'ont pas davantage, on s'en doute, de caractère objectif. Ils sont fonction des appartenances groupales, de la position occupée en matière de capital économique et de capital symbolique, des relations immédiates au sein de la communauté vécue, des projets de vie, etc. Ainsi, aussi bien l'indifférence que l'engagement, le soutien que le retrait, se trouvent individuellement et socialement construits. Dès lors que l'occitan constitue un objet de connaissance (et on pourrait en dire autant, bien entendu, du "patois" tel qu'il peut être catégorisé par les personnes interrogées), les attitudes qui s'y rapportent doivent être comprises en fonction de cette variable psychosociale majeure.

Essayons alors de poser, le plus systématiquement possible, les trois questions correspondantes : celles de la proximité, de la valorisation et de la capacité perçue d'action. Les ex-*calandrons* considèrent-ils que l'occitan est aujourd'hui définitoire de leur identité, qu'il correspond à un enjeu important dans leur espace de valeurs et que leur engagement personnel est susceptible d'avoir une incidence significative sur le devenir de la langue ? La conjecture la plus vraisemblable est que seule l'institution scolaire des *Calandretas* permettait, avec l'appui plus ou moins explicite de la famille, de répondre positivement (certes à des degrés divers selon les individus) à ces trois interrogations. Une fois l'institution quittée, et d'autres règles du jeu social apparues, l'implication personnelle à l'égard de l'occitan décroît, vraisemblablement sur les trois dimensions que l'on vient d'indiquer. Les critères identitaires se modifient ou se déplacent en fonction des aspirations de réussite professionnelle ; les valeurs associées à l'enfance se trouvent renvoyées à un espace de nostalgie, définitivement disjoint de la réalité vécue au présent ; pour la plupart enfin, l'engagement personnel au service d'une cause linguistique et culturelle de sauvegarde ou de promotion de l'occitan semble totalement exclu, voire dépourvu de sens pratique. On trouve ici une application particulière de la remarque générale de Jürgen Habermas (1995: 15) : "L'efficacité des règles techniques et des stratégies dépend de la validité de propositions empiriquement vraies ou analytiquement correctes ; en revanche, la validité des normes sociales est garantie par une reconnaissance intersubjective fondée sur un consensus au sujet des valeurs ou sur l'entente". Tant à l'intérieur qu'à l'extérieur de l'institution scolaire, le statut de l'occitan, défini comme l'ensemble des normes d'usage qui s'y rapportent, ne diffère pas à terme du statut même des *Calandretas*.

Références citées

ABRIC, J. -C. (Ed.) (1994), *Pratiques sociales et représentations.* Paris, Presses Universitaires de France.

DUBOIS, N. (1994), *La norme d'internalité et le libéralisme*. Grenoble, Presses Universitaires de Grenoble.

FLAMENT, Cl. ET ROUQUETTE, M. -L. (2003), *Anatomie des idées ordinaires*. Paris: Armand Colin.

GUIMELLI, C. (1998), *Chasse et Nature en Languedoc. Étude de la dynamique d'une représentation sociale chez des chasseurs languedociens*. Paris, L'Harmattan.

HABERMAS, J. (1995), *Sociologie et théorie du langage*. Paris, Armand Colin (édition allemande : 1984).

ROUQUETTE, M. -L. (2000), Paradoxes de la représentation et de l'action : des conjonctions sans coordination. *Les dossiers des sciences de l'éducation*, n° 4, "Représentations et engagements : des repères pour l'action", 17-22.

II. ÉCHANTILLON D'ENTRETIENS

Cf1

Le frère de Cf1, Ch1, a déjà été interviewé, sa soeur, Cf2, également ex-Calandrona, le sera après elle : ils sont mentionnés dans l'entretien. Cet entretien, détendu, se déroule à la Calandreta L'Ametlièr de Béziers.

E1. oui ben on parlait un petit peu là de / de l'occitan quand vous avez fait un petit film / est-ce que sinon vous utilisez encore euh / donc le petit film que vous aviez fait c'était à la demande des Calandrettes?
Cf1. euh je sais plus
E1. ou c'était plutôt entre vous ex-*calandrons* ?
Cf1. non c'était pas / non c'était euh / on nous avait appelé justement euh / quelqu'un avait dû prendre contact avec euh / je sais plus exactement avait pris le contact avec Rh en demandant euh / des noms de et adresses d'anciens *calandrons* / et en fait ils sont venus me voir à la maison voir euh / comment on vivait aussi notre passage à la Calandrette // et bon ils ont pris en fait / trois générations assez proches / comme je vous ai dit avec euh / moi la première génération avec B / son frère qui était / deux ans après nous deux ou trois ans / avec un copain de sa classe / et après encore des / des jeunes filles qui sont maintenant qui doivent être en troisième ou seconde
E1. d'accord
Cf1. donc maintenant c'était dans le cadre aussi voir l'évolution / ce qu'on a / ou on en était maintenant / si l'occitan comptait encore beaucoup pour nous euh / maintenant / et voir si / ce qu'on pensait encore de notre passage à / nos souvenirs de passage à / à la Calandrette
E1. d'accord et là vous avez parlé un peu occitan ?
Cf1. oui bon enfin surtout B donc qui a / qui / lui a été toujours dans / dans l'esprit de la Calandrette / moi j'ai essayé [rire] un petit peu bon / un peu j'ai / après c'est comment dire on part vite sur le / le français pour s'exprimer c'est sûr que / si une langue que / qu'on a apprise dans l'enfance comme le français mais que / on perd un peu l'habitude sans / du fait qu'on qu'on la pratique pas
E1. et vous avez d'autres occasions de parler ou ? /
Cf1. ben des fois j'essaie de les trouver / par exemple comme je vous dis / à Perpignan des fois je sors un peu quelques mots de patois pour / pour taquiner les autres / voir si / s'ils sont prêts à me répondre / sinon ben / j'ai pas eu tellement l'occasion depuis le / le baccalauréat / où je l'ai pris en / en option / et sinon ben comme je vous dis avec Rf1 des fois euh / comme on se voit très fréquemment comme je vous le dis / comme on est / proches au niveau familial / de / justement de savoir qu'elle / continue / des fois la

formation des / des professeurs de / de se parler un peu en occitan et en / quand je dis bonjour au revoir ou même des fois / même des mots
E1. oui un petit peu plus que bonjour ou / vous pouvez discuter avec elle de certaines choses en occitan quand même
Cf1. mm mm
E1. et les Catalans vous les comprenez ?
Cf1. euh / souvent oui // oui je / bon à quelques mots près on comprend en faisant l'effort dans le contexte de la phrase / avec les / quelques mots qu'on / qu'on reconnaît sans / ça va / mais bon on n'a pas / je connais pas parmi les étudiants avec qui je suis il y en a quelques uns qui le parlent mais / c'est que comme ça enfin c'est / des phrases qu'ils apprennent / des chansons comme nous quand on chante "*Se canta*" c'est pareil pour / pour eux.
E1. mais ça le fait que vous parliez occitan ça vous aide un peu à comprendre mieux le catalan / à votre avis ?
Cf1. oui / le le catalan le castillan même l'espagnol / toutes les langues / même l'italien enfin pas parler italien mais que le fait d'entendre on comprend quelques mots / et toutes les langues latines ça / je trouve que ça vient plus facilement
E1 mm mm et justement s'il faut définir le "ça vient plus facilement" ça porte plutôt / qu'est-ce qui est plus facile ?
Cf1. ben euh déjà les des mots sont très proches / ben enfin certains mots / après des / des prononciations des / des tournures de phrases je trouve qu'il y a des phrases un peu proches / et surtout au niveau de de l'espagnol c'est les conjugaisons / bon à part les / à pour les / en espagnol c'est les verbes à diphtongue / et les conjugaisons des verbes occitans et espagnols à quelque chose près sont sont souvent proches /
E1. mm mm
Cf1. je / enfin / nous on s'apercevait que / pour les anciens *calandrons* je trouve que c'est surtout le / l'espagnol qui vient plus facilement à parler que parfois l'anglais enfin ça dépend des personnes / mais euh / par rapport à Ch1 et Cf2 je trouve que / on a plus de facilité à parler l'espagnol que / que l'anglais /
E1. mm mm
Cf1. peut-être que c'est le contexte familial [rire] on n'a jamais été très bons en anglais non plus mais /
E1. et euh / est-ce que vous avez eu des appréhensions par exemple pour apprendre le / l'espagnol ?
Cf1. oh non / c'est venu / d'ailleurs c'est venu tellement naturellement que bon j'avais plus de facilité parfois que les autres qui apprenaient / une nouvelle / enfin / à l'école on apprend donc l'anglais dès le primaire / oui on apprend d'abord l'anglais à l'école et l'espagnol vient après dans le cursus scolaire au niveau de la quatrième
E1. mm mm

Cf1. donc ça fait pour euh / des collégiens une langue en plus à apprendre tandis que nous c'est / pour moi ça été une continuité dans / de reprendre un peu la langue et de / juste la modifier et c'est vrai que // pour des fois pour le passage à l'espagnol / je con / au début je confondais euh / je mélangeais souvent les deux langues / on m'ə fait souvent on a fait la réflexion en disant "tu ne parles pas occitan tu parles ESpagnol" / et euh souvent il y a des mots OCcitans qui viendraient à la place de mots espagnols et des mots espagnols qui viendraient parfois / en occitan / quand je / quand je parle occitan
E1. mm mm / ça c'est les classiques ?
Cf1. mm mm
E1. comme ça vous avez une certaine facilité en espagnol ?
Cf1. ouais je trouve / ouais je comprends plus facilement / enfin même en le lisant euh / c'est plus rapide que de prendre un texte en anglais et d'essayer de comprendre / enfin bon / la traduction se fait plus facilement et X
E1. et est-ce que le fait de parler occitan / donc français et occitan / quand vous étiez jeune / est-ce que / vous pensez que ça a pu vous aider un petit peu pour l'anglais?
Cf1. je sais pas / ben comme je vous dis avec même dès le primaire j'avais quelques difficultés en anglais / donc euh / souvent on nous dit que / que le fait d'avoir appris une langue jeune ça permet d'apprendre les autres langues plus facilement / mais je vous avoue que mon niveau en anglais est TRÈS médiocre [rire] /
E1. mm mm
Cf1. et euh / enfin pas pour / pas tellement pour l'anglais
E1. est-ce que / par contre quand vous avez abordé l'éco / l'anglais à l'école
Cf1. mm mm
E1. est-ce que vous aviez plutôt des appréhensions pour / avant / avant de commencer hein / donc sans avoir encore parlé anglais mais en sachant que vous auriez anglais plus tard / donc une nouvelle langue / est-ce que ça vous créait plutôt des appréhensions / plutôt de la curiosité / plutôt de l'envie ?
Cf1. ben non justement / oui enfin l'envie d'apprendre une nouvelle langue / mais pas d'appréhension parce que pour nous enfin / c'est une langue de plus à apprendre comme enfin / comme on parlait tous les jours le / l'occitan ou le français selon les cours qu'on pratiquait / pour moi l'anglais c'était euh / ça X autre chose / mais PAS d'appréhension en disant euh "on va apprendre une nouvelle langue / on a peur et" non non c'est venu / euh on nous a dit bon cette année vous apprenez l'anglais / et ben voilà / voilà tout simplement
E1. mm mm
Cf1. on nous a pas dit "c'est stressant ou c'est" / c'était naturel je trouve
E1. et après l'anglais ça a bloqué par rapport à l'enseignant ou pour rapport à la langue même ?
Cf1. non pas forcément enfin / c'est vrai que X // certains enseignants n'avaient / enfin ils étaient pas habitués peut-être à la pédagogie de certaines

X surtout au collège / mai euh / bon des fois il y a / on bloque toujours sur euh / peut-être sur des matières encore que il y a pas forcément difficulté euh je sais pas enfin / non je pense pas que ça soit au niveau euh / pédagogique /
E1. mm // et il y a d'autres langues que vous parlez que vous avez approché ?
Cf1. ben l'italien / en italien surtout bon on part pas souvent en voyage en Italie / en ayant des amis qui qui parlent italien aussi enfin / qui font des études / pour apprendre l'italien / et bon euh en les écoutant des fois la télévision la radio et / ça
E1. mm et là c'est pareil / c'est un petit peu comme l'espagnol c'est assez facile à ?
Cf1. mm / souvent quand / enfin quand je regarde les émissions euh comme le journal / rien que le journal / qu'on a les traductions rien qu'en / enfin on passe de la voix à la traduction française en écoutant la langue / rien que l'italien on comprend enfin moi je trouve que c'est une facilité pour comprendre l'italien pas le parler / mais euh / le comprendre c'est / c'est plus facile /
E1. mm mm
E2. *e avètz parlat justament d'aquel blocatge ligat a / de profesors del collègi qu'avián pas la meteissa pedagogia / de que vos rapelatz aqui de la dintrada al collègi ?*
Cf1. euh / euh *es / son los profesors que avián* euh / *a Calandreta / avián / una / una organisacion que fasiá que los los enfants podián / dire* euh *lo que / lo que pensián /* [rire] je mélange
E2. vous pouvez continuer en français
Cf1. d'accord et / non en fait c'est c'est ça l'organisation se faisait euh / c'était les enfants disaient ce qu'elles pensaient / on pouvait critiquer enfin le comportement / proposer / faire des propositions / et justement / arrivés en / au collège ça été un blocage on était sous des règles / qu'on a toujours ici / qu'on doit suivre / mais c'était imposé on n'avait pas droit de / de rien dire on devait euh / se soumettre et bon certains professeurs pensaient / euh avaient des appréhensions sur les élèves de / de Calandrette / enfin moi j'en ai pas tellement ressenti mais pour d'autres élèves on me l'a dit que / il y avait des appréhensions / des préjugés // mais certains professeurs de / enfin / moi j'en ai pas / comme je vous dis / j'en ai pas tellement eu / j'ai eu un professeur de français très bien / je trouve / c'est Madame X qui était justement une amie de / de Rh aussi / et qui elle m'a par contre m'a poussée en disant euh "c'est bien" / souvent m'interpellant en classe pour me / X et "en occitan comment on le dit ?" / elle me poussait et / c'était pas comme certains professeurs plus / plus classiques qui étaient dans leur langue dans l'enseignement et / Madame X avait peut-être plus l'esprit ouvert par rapport à la langue / bon / avec le français / et comme elle parlait elle aussi l'occitan c'était / elle était plus libérée je trouve /

E2. justement vous parlez de / cette professeur de français / est-ce que vous avez eu des / des difficultés / en français ?
Cf1. en français ?
E2. en orthographe vocabulaire ?
Cf1. ça m'est souvent arrivé bon / j'avais aussi bon / en français je n'ai PAS eu un très bon enfin / j'ai aussi eu des difficultés pour euh / en orthographe / ça m'est arrivé depuis le début bon maintenant à force ça / c'est mécanique bon ça va / mais c'est vrai que je faisais souvent la / les mélanges / mot français mot occitan par exemple je me souviens une fois / pendant une dictée on m'a / on devait marquer euh / une phrase avec le mot "soleil" et / "soleil" j'ai marqué en occitan / avec "lh" et // mais sinon / en orthographe oui bon enfin c'était bon / moi aussi au niveau du français où j'avais quelques euh petits blocages / mais bon c'est vrai qu'il y avait ce mélange / français occitan
E1. et en orthographe occi / en occitan vous aviez des difficultés aussi ou ?
Cf1. aussi un peu
E1. d'accord donc c'est pas uniquement sur le français / c'est l'orthographe en général ?
Cf1. oui voilà
E1. et en grammaire par exemple ? / grammaire française
Cf1. euh aussi / enfin // jusqu'au / jusqu'au collège / pendant tout le collège je trouve que j'avais eu de difficultés bon en français / ce qui n'était peut-être pas le cas pour Cf2 et Ch1 / bon chacun a des difficultés / enfin dans des matières / pour moi c'était le / le français et les mathématiques je trouve un peu / et / et sinon / ben / non /
E1. et en grammaire occitane bon / c'était pas tout à fait dit comme ça quand vous étiez petite / mais est-ce que c'était / vous aviez quelques difficultés aussi ?
Cf1. / pareil
E1. pareil ? / d'accord c'est avec // avec
Cf1. tout ce qui est grammaire et orthographe
E1. en vocabulaire ?
Cf1. non en vocabulaire ça / ça allait
E1. ça allait en français comme en occitan ?
Cf1. mm mm / c'était euh / apprendre des règles / des fois les mises en application qui / qui n'étaient pas X / enfin c'était juste à mon niveau personnel parce que je voyais d'autres élèves des *calandrons* qui eux justement en anglais enfin / que ce soit en français / en occitan qui avaient de très bonnes notes / donc c'était juste / un blocage de ma part en fait /
E2. *tornam venir sus la Calandreta / cossi poiriatz definir o nos parlar de la ligason que i aviá entre lo regent e l'escolan ?*
Cf1. c'est / pour moi c'était comme une famille / c'est / enfin // mon professeur était un ami / pas comme un ami bon il y avait un respect envers envers Rh et tout et / non c'était c'était une relation proche sans sans l'être / on était était /

on pouvait inter / le voir / sans / sans avoir des craintes qui ne / ne se font pas maintenant envers certains professeurs comme il s'est passé au / au collège / on osait pas y aller là on se levait / on allait le voir et / c'était // pour moi c'était une grande famille la / famille des Calandrettes et / les les autres élèves étaient pratiquement des enfin frères et sœurs / on était souvent très proches on partait souvent en vacances et // c'était un très bon moment

E2. *e cossi era l'ambient de la classa / tota*?

Cf1. c'était très bien / c'était / c'était une organisation où l'élève avait euh / une place et n'était pas considéré comme un numéro sur / sur une feuille de papier sur une liste / il avait un pouvoir dans la classe il avait des responsabilités / qui on été supprimées en fait aussi / à l'arrivée au collège / et on avait / des responsabilités envers les / les plus jeunes / des responsabilités envers enfin / quand on était chef d'équipe / ou envers les / ceux qui étaient nos chefs d'équipe / on devait bon avoir un respect envers eux travailler et // et voilà

E1. et de cette / responsabilisation quand vous étiez petits / euh // est-ce que cette responsabilisation-là vous a servi après ?

Cf1. ben oui / enfin / comme on avait des / des métiers où on devait / on devait continuellement / par exemple / rien que / l'idée de l'aquarium / on avait un aquarium que / on devait s 'occuper nettoyer / il fallait être tout le temps là s'en occuper si on laissait tomber il y avait / les poissons mouraient ou / et c'est / on s'y mettait vraiment dedans / et je trouve que maintenant quand on s'engage dans quelque chose ben je trouve que je m'y mets / et que je tiens à / je me tiens à fond pour / pour entretenir ce que je suis / dans quoi je me suis engagée et // bon c'est peut-être par le caractère aussi mais euh je trouve que / ça nous fait prendre en compte qu'on a des responsabilités vis à vis des autres / et vis à vis bon de du groupe aussi envers lequel on était

E1. et / c'est un peu l'esprit famille aussi ?

Cf1. voilà / mm mm

E1. c'est la même manière de fonctionner que vous avez à la maison ?

Cf1. mm

E1. doublée avec la Calandrette

Cf1. mm mm //

E2. *e ara amb lo recul es que vesètz de causa de meliorar / sus lo foncionament de Calandreta ?*

Cf1. // euh dans le fonctionnement // je sais pas / je pense pas / je pense que comme je vous dis le / l'élève est important par rapport au / aussi important que les / les enseignants qui sont là / il est considéré il est pas mis / mis à part // enfin moi ce qui m'a étonné c'est à l'arrivée au collège qu'il y ait cet écart entre / moi ce que j'avais vécu à / à l'école / et ce qu'avaient vécu les autres enfants / c'était plutôt euh des rangs des rangées comme un peu le / la / on était au collège donc ils étaient pas perdus / donc je suis arrivée on est arrivés / on était tous en rang on n'était pas par petits groupes de travail /

enfin ça a été une / à la fois je m'y attendais parce que mon frère était déjà un an avant moi donc il m'avait raconté comment ça se passait / comment ça s'est passé / et euh / mais c'est vrai que des fois la confrontation / confrontation avec les autres élèves / pas / juste au niveau de la comparaison des / des écoles / moi je disais *ten* moi je faisais ça et tout euh / nous non c'était plutôt ça / c'était / c'était / mais je trouve que je regrette pas enfin l'enseignement / enfin l'organisation et l'enseignement comme ils se pratiquaient en Calandrette c'est très bien / que justement peut-être dans les écoles de type / nationales et plutôt CLAssiques on va dire / ils devraient d'ailleurs adopter plus ces euh / ces / ces méthodes de travail / sans vouloir X X [rire] mais bon
E1. et est-ce qu'il y a eu des choses qui ont été vraiment difficiles quand vous êtes passée au collège ?
Cf1. / la séparation bon avec l'école bon s'est fait naturellement / X bon comme il y avait je vous dis il y avait mon frère qui était un an de plus donc il était pas X / mais bon j'avais des / des amis de Calandrette qui passaient par le même collège que moi donc c'était pas l'inquiétude / mais c'est surtout au niveau des euh / comment avec les professeurs / le contact avec les professeurs / avec le milieu enseignant / qui a été en rupture totale avec euh / ce qu'on vivait ici // et comme je vous dis euh / avec Rh c'était plus euh / presque amical et là ça a été / c'était deux frontières / on était euh
E1. c'est d'ordre relationnel / c'est les relations elles-mêmes
Cf1. mm / sinon au niveau du travail après / c'est c'est une organisation différente aussi c'est / faut / le fait qu'on touche à plein de cours bon il faut / il faut s'organiser aussi en conséquence dans le milieu où on est où on doit travailler mais / c'était surtout au niveau de du corps enseignant du contact avec les / les adultes qui a été plus dur et / et plus brutal je trouve // sinon / ça c'est plutôt mal / bien passé je trouve.
E2. e aprep la Calandreta en defòra de / del bac / es que i aviá la posibilitat de contunhar de parlar la lenga ?
Cf1. oui parce que / à la sortie du / du primaire quand pendant quelques années après la / les premières années du collège Rh nous donnait quelques cours le soir après la / le collège pour se remettre dans le / à l'occitan // et ça a duré / deux deux trois ans je crois / et on venait tous les soirs à la sortie du collège faire quelques exercices de grammaire des / des dictées et / des travaux / en / en occitan pour / pour continuer à / à parler la / la langue quand même / pour pas la perdre d'un coup d'un jour à / du jour à / au lendemain /
E1. et dans la famille vous avez des gens qui parlent occitan ?
Cf1. à part euh / Ch1 et Cf2 / il y a mes cousins / qui d'ailleurs étaient à / la même école Calandrette / mon cousin aîné qui a maintenant vingt-deux / vingt-deux ans / et mes cousins bon plus jeunes que moi mais bon / ENTRE NOUS on parle pas / on parle pas occitan même eux le
E1. et quand vous étiez petits / vous étiez tous pas loin des Calandrettes /

vous parliez occitan entre vous ?
Cf1. à la sortie de l'école et tout ?
E1. mm / ou avec les cousins ?
Cf1. euh
E1. frère et sœurs et cousins ?
Cf1. c'était surtout pour les exercices / que / qu'on se remettait dans le / dans l'occitan / et des fois pendant / non dès qu'on sortait en fait je pense du contexte de la classe on on passait à / on revenait au français et / peut-être qu'on considérait que l'occitan c'est un exercice et que dès qu'on sortait de la classe c'était euh / un exercice qu'on faisait dans / la classe / non je me souviens pas dans la cour de l'école ou dans les anniversaires qu'on parlait / souvent on / on nous adressait la parole en occitan enfin on / on nous interpellait et bon / si si on / on répondait euh / non j'ai pas grand souvenir de / de parler occitan avec / en dehors de / du contexte de l'école à part avec Rf1 où là / on pouvait / discuter / ELLE-même justement euh / nous adressait la parole en occitan pour qu'on lui réponde en occitan pour continuer encore à / même avec Rh quand on croise des enseignants / occitans ou lors des Férias ou de trucs comme ça / qu'on les croise / c'est de se remettre de / de le parler avec eux
E1. mm et là actuellement par exemple avec votre / votre sœur / votre frère ou vos cousins ça vous arrive de temps en temps de parler occitan ? d'avoir des petits mots des choses qui sortent ?
Cf1. oui des petits mots euh de patois qui sortent spontanément euh / mais sinon après on n'a pas / on n'entretient pas une conversation euh
E1. et les petits mots ils sortent à quel moment / dans quel cadre ?
Cf1. / euh je sais pas / la / Ch1 l'avait dit la dernière fois où on s'était tous réunis au Palais des Congrès / c'est souvent euh / quand / pas quand on s'énerve mais c'est euh / pas des insultes mais c'est des / pour se titiller et / je sais pas [rire] / je n'ose pas dire ça non mais si Ch1 écoute ça il va [rire]
E1. on en a deux ou trois déjà
Cf1. bon ben alors ça va / non / ben / c'est comme ça des petits mots même / en parlant / il y a des phrases en occitan qui ressortent / des // des proverbes ou / des / des petites phrases // mais sinon après / je vois pas / je parle très très peu je trouve / et / pas assez à mon goût enfin c'est vrai que ça me plairait / le fait de l'avoir repris pour la / le bac ça m'a fait plaisir parce que justement ça me remettait dans / pas dans l'ambiance Calandrette mais bon ça m'a fait rappeler tous les exercices que je faisais quand j'étais petite / ça faisait // et le / le parler avec quelqu'un par exemple le jour / de l'examen / pour entretenir une conversation avec et / même à la fin de / de mon examen ben on prenait le temps de / d' échanger quelques mots et / à la fin ça / ça fait plaisir de voir que // certains jeunes parce que vous êtes pas bien plus vieilles que moi j'imagine / et euh / que certains jeunes de notre âge parfois peuvent / on peut parler en occitan alors que / souvent euh / je vois au / au lycée quand

je disais "bon ben j'apprends l'occitan" ça faisait un peu pouffer de rire / ça fait / je vois pas la / qu'est-ce qui est risible / il y en a plein qui parlent le basque / le corse / le breton / et ça vous fait pas rire c'est une langue comme les autres et / je trouvais dommage même que / certains le le pensaient dans ma / dans ma classe parce que / le jour / l'année où j'ai passé le / baccalauréat / comme étudiant de Jean Moulin qui ont passé l'épreuve de / du / de l'occitan on était deux / sur plus de trois mille élèves j'imagine à Jean Moulin donc / c'est très peu même certains *calandrons* ne l'ont pas pris parce que ils ont / enfin ils avaient pris d'autres options et / et voilà / mais je regrette que / on ne soit pas plus à / à le parler

E1. parce que quand vous vous retrouvez à le parler ça vous /

Cf1. / mais / ça fait plaisir de / ben souvent des fois on le ressort quand / quand on se retrouve entre / entre anciens *calandrons* / des fois on commence à reparler et / et je sais pas ça / ça fait de bons souvenirs de / bon / que ça change aussi du quotidien on parle toujours en français et de / d'entendre toujours la même / pas toujours les mêmes personnes mais / c'est / c'est un peu un exotisme / c'est comme si on partait quelque temps dans un pays étranger et que / on profitait d'être / en contact avec des gens et de / parler euh / une langue avec eux / différente du français

E1. / et est-ce que / est-ce qu'il y a une partie de vous qui est un peu / en occitan on va dire ?

Cf1. ben rien que par le prénom on va dire enfin c'est c'est euh / en quelque sorte mon appartenance au monde occitan / enfin bon même si je X pas / ma mère m'aurait appelée comme ça même en sachant qu'elle me mettrait pas à une école / bilingue / mais je trouve que c'est un nom typique d'ici et bon / je me dis c'est une langue qu'on parlait ici / bien avant que / que le français n'apparaisse non plus donc c'est / c'est une sorte d'appartenance comme on voit que les / les Basques sont très soudés à leur pays c'est pour moi c'est / je me sens soudée à / à l'Occitanie donc euh

E1. on enlève les prénoms parce que

Cf1. NON / non non mais bon / je suis fière de ce prénom souvent on me dit euh ouais M c'est bizarre / je leur dis "c'est mon prénom je l'aime" enfin

E1. mais le fait d'avoir parlé euh occitan et puis d'avoir encore l'occitan comme langue / est-ce que ça vous relie à ce passé ?

Cf1. ça me relie à une communauté qui / qui parle occitan / comme / dans certains villages où on voit des / des personnes âgées qui le parlent ça fait / on dit "moi aussi je suis à / sans les connaître je fais partie de / de cette famille des personnes qui parlent occitan / ça me fait ça me rapproche de / de / ça me rapproche d'elles parce que / on sait qu'on parle une langue commune / qui bon / sort de la banalité par rapport aux personnes toutes les personnes qui parlent français" / parce que par le monde je sais pas combien de / de millions à le parler mais // ça change de / c'est une communauté qui sort du X //

E1. et est-ce que c'est il y la communauté donc là c'est une communauté au présent dont vous me parlez / ou est-ce que c'est une communauté aussi au passé ? / c'est à dire avec les générations d'avant ? / vous vous sentez faire partie d'une communauté / celle des gens qui parlent occitan / est-ce que DANS cette communauté-là vous englobez aussi les arrières grands-parents les ancêtres les
Cf1. bien sûr / oui / pour moi oui c'est // c'est toute la région enfin tout / toutes les personnes qui parlent occitan et qui l'ont parlé avant moi et qui j'espère le parleront APRÈS moi enfin / ça me fait plaisir d'entendre dire que certaines Calandrettes ouvrent / un peu partout dans le Sud de la France savoir que / le nombre de / de *calandrons* augmente / chaque année / et // bon pour moi ça / ça englobe / tous les tous les Occitans //
E2. / est-ce qu'il vous arrive encore aujourd'hui de lire les documents en / en occitan ?
Cf1. ben / pas vraiment des fois je / ça m'arrive de prendre / dans la rue on me donne des prospectus ou je trouve / un document je vois la / la croix d' occitan / donc je m'intrigue je / je regarde je lis ça / mais c'est vrai que après j'ai pas vraiment de d'occasion de trouver des / des documents en occitan sauf les textes que j'ai lus quand par pour le bac ou quand j'étais petite / quand je retrouve mes cahiers d'école [rire] quand j'avais cinq ans ou [rire] / non plus vieux que ça que ça quand même et / X des poèmes / des / non mais je me souviens des fois j'ai la des chansons en occitan qui me reviennent je les fredonne euh // ça fait que / je trouve que / donc si la langue se développe plus et les écoles aussi c'est pas / c'est trop / c'est trop anonyme aussi / enfin c'est / pas anonyme c'est euh / pas grand monde est au courant / on se promène dans la rue X on dit "tu connais l'occitan ?"/ ils doivent / ils ont entendu parler mais / mais sans plus et / ils doivent connaître que quelques mots en occitan parler euh / par des petits mots comme / qu'ils ont francisés et qui sont devenus euh / entièrement dans la langue française //
E1. / mais je sais pas je sais je vous ai posé la question / mais je on est partis sur autre chose après / au niveau des grands-parents / vous / vous avez des gens qui parlaient occitan ?
Cf1. euh ma grand-mère non / mais enfin X elle sortait quelques mots en occitan / je crois qu'elle le comprenait parce que / on regardait parfois les émissions le dimanche sur la Trois bon elle comprenait / et euh / j'ai pas le souvenir de / de l'avoir entendu / ENtretenir une conversation en occitan
E1. des expressions
Cf1. surtout
E1. mm mm
Cf1. et euh côté / bon côté maternel parce que côté paternel ils sont Picards
E1. mm
Cf1. maman parlait euh // bon des fois elle me posait des questions en

occitan donc je lui répondais mais / quand / elle pouvait pas aller plus loin dans / dans la conversation je trouve /
E1. et ils ont été plutôt contents que vous l'appreniez du côté familial / que vous appreniez l'occitan / une langue
Cf1. j'avoue que je l' ai jamais demandé / mais euh / ça devait / je présume quand même ça / elle a jamais critiqué l'enseignement qui était euh / qui était donné à l'école / surtout mes / ma mère avait été surtout dans des écoles euh / privées ou euh suivie par des X / enfin / avant comme était l'enseignement avant / elle a jamais critiqué tout ce qu'on faisait / même souvent des fois elle / enfin quand elle pouvait elle essayait de venir aux fêtes de Calandrette et
E1. mm mm
Cf1. non elle a jamais euh / je pense qu'elle a jamais regretté la décision qu'avait pris nos / mes parents de nous mettre dans / à l'école
E1. mm mm
E1. oui mais c'est plutôt votre mère / qui a pris la décision que votre père apparemment ?
Cf1. euh / je sais pas trop en fait / ben euh / comme euh / j'en sais rien parce que / comme je vous dis mes parents connaissaient les / nos parrains et marraines avant notre naissance / et comme ils on commençait déjà à parler / il y en a qui étaient déjà dans l'esprit occitan / et qui avaient le projet de monter une école bilingue / en fait ça a dû venir de leur part à tous les deux et euh / je sais pas si / l'un plus que l'autre mais / je crois que ça s'est fait naturellement parce que / comme on a été choisis aussi / enfin non / ces personnes ont été choisies comme parrain marraine c'était aussi euh / enfin / on rentrait dans la famille enfin c'était / à la fois c'est naturel ils ont participé par exemple à rénover les Calandrettes à
E1. et vous parliez du patois tout à l'heure ?
Cf1. mm mm
E1. alors il y a des gens qui / pour parler d'occitan parlent du patois / donc qu'est-ce que qu'est-ce que vous en pensez ?
Cf1. enfin moi je dis patois enfin / pour parler des langues anciennes qui étaient parlées par exemple / pour moi le basque enfin c'est une sorte de patois aussi pour euh / c'est une langue ancienne / PAS MORTE / vu que il y a toujours des personnes qui / qui l'utilisent mais bon c'est vrai que pour moi c'est / je dis patois comme ça mais pour moi c'est / c'est l'occitan // mais c'est vrai que bon // bon / c'est une langue différente je veux dire // on le différencie souvent on dit bon c'est pas // enfin je parle pour moi [rire]
E1. tout à l'heure en / en parlant de l'occitan vous avez dit "patois" / vous faites une différence entre les deux ?
Cf1. du patois et de l'occitan ?
E1. ouais
Cf1. non / non je pense pas enfin / enfin quand je dis "patois" c'est forcément ça / ça a toujours un rapport avec l'occitan / enfin c'était un mot pour

différencier l'occi enfin / c'est un mot / enfin "patois" c'est pour euh / forcément dire / "occitan" / ou une langue une autre langue telle que le basque / ou le breton
E1. une langue régionale / c'est synonyme ?
Cf1. mm /
E2. *I si vos disi lo mot "occitan" / de que vòl dire per vautre a l'ora d'ara / "occitan" ?*
Cf1. ben / c'est la langue d'où je suis déjà / la langue d'oc / c'est toute la / la région euh / le sud de la France / c'est / c'est une culture c'est / des traditions aussi c'est euh / elles sont / elles sont plus trop maintenant présentes / enfin on n'a pas tellement de représentation de traditions occitanes je trouve / à part euh / X X treize desserts ou euh c'est / c'est toute une région c'est savoir que de Bordeaux à Nice l' on peut parler la même langue alors qu'on est à / à des milliers de kilomètres enfin / X X plus que ça et // c'est toute / c'est une mentalité enfin / pas une mentalité trop différente / enfin qu'on est en groupe on est pas / enfin un groupe occitan on est pas différent des / des jeunes qui parlent / le français mais c'est // c'est se sentir euh / comme je dis dans une famille bon / plus spéciale que certaines autres familles / on se sent un peu différents / on se sent particuliers on se sent mieux parfois MIEUX que / en disant "voilà moi je parle occitan / je parle la langue de la région" et // c'est tout un ensemble / c'est c'est le pays
E2. *e si avià de monde / que volián venir cap a l'occitan / es que vesètz de bonas rasons / d'aprene l'occitan ?*
Cf1. maintenant prendre dans la vie active bon c'est vrai qu'on n'a pas tellement enfin moi je vois / dans 'es études que je suis j'utilise vraiment pas l'occitan / et / bon des fois dans la vie on a pas tellement l'utilité mais c'est / c'est pas un loisir mais c'est / un moment où on prend le temps de / de se de se changer de ce qu'on vit euh / au jour après jour de se dire bon ben on est ailleurs comme je dis presque dans un autre pays / avec d'autres personnes avec cette culture en commun cette cette langue en commun / et c'est sûr que ça fait toujours plaisir d'entendre / de vouloir entendre les gens dire "ben / ça me plairait bien d'apprendre cette langue et" / que ce soit des jeunes ou des personnes plus / plus mûres euh //
E2. c'est bon
E1. il y a peut-être autre chose que vous voulez dire ?
Cf1. ben euh en fait / comme euh on / je pense qu'on avait dit la dernière fois à la réunion je sais pas si vous étiez présente non ?
E2. non
Cf1. c'est euh / en fait c'est un peu euh // des fois je suis / comme je vous dis ça / ça m'énerve un peu que / que certains élèves de mon âge / des personnes de mon âge ou même / plus âgées pensent que le fait qu'on ait appartenu à / qu'on ait appartenu à une école particulière / qu'on ait une langue particulière parfois ça les fasse rire / même parfois qu'ils aient des

préjugés je comprends pas que / comment enfin / quand je dis bon on se sent différent mais pas à un point à dire que / on est d'un bout à l'autre et que / pas qu'ils aient peur de ce qui est nouveau euh enfin mais ils veulent pas faire l'effort de connaître / la région où ils vivent et de tout ce qui s'est passé avant et / mais je regrette pas euh bon / je trouve qu'il y a / on a très vite des préjugés sur les écoles Calandrettes bon je sais pas maintenant comment ça se passe avec les / les anciens *calandrons* qui ont un an ou deux dans les / dans les collèges / mais bon c'est / quand j'ai entendu dire que certains professeurs faisaient une différence entre les élèves *calandrons* et / parce qu'ils avaient une / une langue différente et un enseignement différent que / qu'on fasse une différence avec euh / y a la différence qui a fait qu'on a une langue en plus / qu' on a été euh dans un système scolaire différent / mais avoir des préjugés sur ça ça / ça me met hors de moi
E1. ça c'est quelque chose qui vous a été difficile quand vous étiez petite ?
Cf1. de ?
E1. ce ce regard des autres ?
Cf1. ben pas au primaire vu que on avait souvent des euh / des contacts avec d'autres écoles où justement on apprenait plusieurs langues comme des / des écoles catalanes où justement on apprenait les deux langues / mais je sais pas si vous on vous a parlé des / des tournois X / c'est euh / c'est des / on va souvent dans des euh / par exemple moi je me souviens en quatre-vingt-huit ça été à Brest / on réunit dans une ville de / toutes les / la majorité des écoles ayant euh / ayant double langue la langue nationale et une langue / de / régionale / donc on s'est tous retrouvés là-haut / et à la fois on a vu qu'on était PAS les seuls / seuls cantonnés dans notre petite école biterroise et
E1. ça ça fait du bien
Cf1. mm / de savoir qu'on était pas les seuls
E1. donc déjà c'était un peu difficile pour vous plus petits ?
Cf1. / euh / on avait quand même des correspondances / pas avec des / ça a été surtout à la fin qu'on va dire qu'on a eu des correspondances avec des écoles un peu normales / mais après / normales et à la fois avec un / un système d'organisation proche du nôtre donc c'était euh / mais bon c'est vrai qu'il y avait une différen / enfin // euh je trouve qu'il y avait quand même une différence entre notre école et celle par exemple celle d'en face quoi c'était / on était pas / on était des élèves / on pouvait se croiser dans la rue jouer ensemble mais après / je sais pas il y avait / il y avait une barrière c'était / enfin
E1. et ça vous en avez un peu souffert ?
Cf1. un peu petite mais pas trop / non / ça m'a pas plus tracassé que ça enfin // je trouvais que la mentalité dans les autres écoles parfois était un peu bizarre par rapport à la nôtre / je sais pas on voyait / on croisait d'autres écoles et je sais pas ils nous regardaient d'un œil bizarre en disant "oh X" je sais pas moi c'est toujours le regard des enfants qui fait que / même enfant

par enfant des fois on avait un œil bizarre par rapport aux autres mais / bon après l'arrivée bon / au collège il y a eu cette différence de / de classe enfin classique XX enfin occitan / où justement on faisait la comparaison même des fois on nous disait "ouais / ton école ça avait l'air pas mal / bon ce X plus ça / bon on voyageait pas assez et" / parce que quand on était petits on voyageait et / on était partis en Angleterre en Espagne plusieurs fois et
E1. il y a beaucoup de souvenirs /
Cf1. / c'est vrai que les voyages ça fait des souvenirs / j'ai une amie euh / quand je lui racontais le nombre de fois où j'étais partie en voyage / X X "j'ai jamais quitté la France" et
E1. mm mm / et ce regard des gens par contre / c'est plus maintenant / que ça vous gêne / c'est plus en tant qu'adulte
Cf1. oui c'est qu'on réalise en fait ce qu'on a entendu dire quand on était petit / que des fois on entend reparler maintenant qu'on dit c'est pas / ça révolte en disant qu'on fait une différence entre / enfin j'entendais euh / au niveau de l'éducation nationale quand ils disaient qu'ils hésitaient parfois à faire / double langue bon maintenant qu'ils autorisent à faire les écoles bilingues / ça me fait plaisir en disant "j'ai été parmi l'une des premières" / PAS la première mais / savoir que bon / on est pas les seuls et on sera pas les / les premiers et les derniers
E1. mm mm
Cf1. mais bon voir que maintenant des familles enfin / qui ont / qui ont été élèves dans une école / traditionnelle qui maintenant décident de mettre les enfants dans / dans une école bilingue libre / ben on voit que / qu'ils préfèrent / changer de d'enseignement
E1. mm mm
Cf1. la reconnaissance
E1. mm mm
Cf1. moi dès que j'ai des enfants je les mets dans les Calandrettes / c'est euh / partager aussi que enfin / le jour où j'aurai des enfants / c'est que / partager aussi quelque chose avec lui le fait que moi je connais déjà la langue, je connais l'enseignement et / de savoir que
E2. justement est-ce que vous vous souvenez de la / de la part associative de l'investissement des parents / dans les écoles
Cf1. non // je sais pas /
E2. parce que comme se sont des écoles associatives les parents ont une partie prenante / donc euh / est-ce qu'il y a des choses qui vous ont marqué ?
Cf1. ben c'était euh / toutes les organisations des des fêtes des / c'était les professeurs / enfin les parents / tous les parents qui étaient là / c'était / comme je vous disais c'était on retrouvait les parents des copains / XX et on faisait la bise / et c'était / on nous prenait sur les genoux / c'était euh / comme je vous dis c'était une grande famille c'était comme si on se retrouvait depuis // on voyait même euh / c'était l'organisation qui faisait qu'on voyait arriver

tous les parents ça nous faisait plaisir aussi de les voir / tout le monde qui se mélangeait tout le monde qui parlait ensemble / enfin même au niveau du social entre les parents quoi / bon moi mon père était agriculteur / X il avait côtoyé le banquier avec qui il s'entendait très bien parce que justement on était en classe / leurs enfants étaient en classe ensemble c'était euh / et les parents qui organisaient les fêtes et //

E2. et justement d'être tout le temps avec le même groupe d'enfants / euh est-ce que c'était pas un petit peu étouffant parce que / souvent c'est les mêmes enfants qui / qui sont un petit groupe dans l'école et après qui se retrouvent en dehors pour des anniversaires et en fait c'était quand même le même groupe constitué

Cf1. oui bon c'est vrai que chaque fois qu'il y avait une fête c'était toujours les mêmes personnes qu'on voyait / mais euh / mais tous les enfants n'étaient PAS bloqués sur / que les élèves de la Calandrette / bon moi je voyais je faisais j'essayais de faire de / des activités extra / extra-scolaires comme je voulais apprendre le solfège quoi j'ai arrêté parce que / le professeur me plaisait pas / il était trop X / on pouvait rien lui dire bon enfin / mais bon on cherchait pas / on allait voir faire du sport ailleurs et / on avait quand même des copains différents euh / on cherchait pas forcément à s'enfermer dans / dans la bulle Calandrette ça permettait aussi avec nos correspondants de / d'entretenir les relations donc c'était pas / plus les Calandrettes //

E2. bon merci

Cf1. merci à vous // j'espère que ça vous aidera

Cf5

L'entretien se déroule au domicile de l'enquêtée. Il est interrompu brièvement à trois reprises par le téléphone et l'interphone. La sœur de Cf5, Cf4 dans notre corpus, sera interwievée à l'issue du présent entretien.

E2. donc vous faites partie de quelle promotion de Calandrette ? des tous premiers?
Cf5. euh oui je crois oui y devait il y avoir deux / deux / deux au dessus de nous mais en fait on est rentrés tous à peu près / je pense en même temps donc euh / ouais des premiers
E2. votre premier contact avec l'école pri / publique quand vous avez quitté la Calandrette ?
Cf5. euh / le premier contact en fait j'étais / avant d'aller en Calandrette j'étais dans une école euh publique / enfin dans une autre école pas Calandrette / et euh euh / ça c'était pas très bien passé je sais pas euh c'est ce que mes parents m'ont dit / c'est pour ça qu'en fait ils m'ont envoyée en Calandrette après / et euh au niveau du / c'est / vous parlez de l'entrée au collège ?
E2. mm mm
Cf5. euh le contact après / mais en fait / nous euh / enfin je vois qu'avec ma sœur / on aurait pu on était dans la même promotion et euh / on a eu un problème / c'est qu'on a été mis dans des classes euh / souvent euh euh / reléguées euh / euh deuxième série limitée euh avec des trucs de rattrap / des classes de rattrapage / et euh bon mais sinon bon je / sinon / moi je ouais ça c'est très bien passé / pas eu du tout de décalage euh // euh pas de / pas de problèmes par rapport / bon c'était un mode de travail différent mais euh / comme il y a un changement entre le primaire et le collège / je crois donc euh / j'ai pas été euh / au contraire moi je me suis sentie très bien préparée par rapport au travail personnel que / j'allais dire la concurrence que / on nous apprenait / il il y avait des / ouais je sais pas si ça se passe toujours mais il y a des / il y a des moments euh de / de travail personnel où CHACUN gère ses fiches euh de / d'exercices / de notes enfin c'est X d'autres et euh / en fait ça ça m'avait euh / bien appris à travailler seule enfin / donc j'ai pas été perdue / et après le / le fait qu'on était dans une école / dans une classe en plus de / de rattrapage euh / ça nous a pas particulièrement gênés non plus euh / on était euh / c'était pas / on était on faisait partie des bons de la classe de rattrapage / on était pas dans les / et on a pas / ça nous a pas fait perdre quoique ce soit d'avoir été là-dedans ni de / enfin pour ma part en tout cas j'ai pas été gênée au niveau du X quoi / peut-être quelques petites difficultés en orthographe c'est ce qu'on avait dit euh / on avait en fait / justement le / les / il y avait des profs spé / spécifiques pour ces trucs de rattrapage et euh lui il

avait / sachant qu'on était quatre à être de Calandrette / il avait relevé les fautes d'orthographe qui revenaient plus facilement euh / du fait qu'on était euh / de / qu'on avait fait de l'occitan / il y avait certaines fautes d'orthographe qui revenaient mais après ça venait en fonction / y en avait / sur les quatre y en avait un qui était très bon en orthographe et il a pas eu de problèmes euh / plus que euh / que d'autres / élèves quoi

E1. et grammaire et vocabulaire par exemple ?

Cf5. non ça euh / enfin moi j'ai pas le souvenir d'avoir eu des problèmes en grammaire / ni vocabulaire ni euh / non / non parce qu'on a / on faisait quand même du français euh / on avait pas particulièrement de / non non

E2. alors là-dedans quelle était l'attitude de / de vos professeurs en sachant que vous veniez de / de Calandrette ?

Cf5. euh / certains disaient euh "ah oui euh ff Calandrette" euh / non je sais pas si / s'il y avait eu avant de mauvaises expériences peut-être avec des élèves euh / d'avant ou je sais pas / parce que je n'y étais pas donc [rires] et euh / donc je sais / enfin il y avait un peu des préjugés mais après bon / quand ils voient le niveau / quand ils voient qu'on travaille / qu'on est sérieux euh / c'est pas euh / enfin ils sont / ils ont / ils ont compris qu'on était pas des mauvais élèves / et là donc euh / sinon après le proviseur il a / au départ avait été euh / avait été assez / justement pour nous avoir mis dans ces classes-là euh / un peu de rattrapage / ça avait été un peu "oui euh Calandrette" / et puis après bon / en de / en cinquième on a été mis dans de très bonnes classes euh / après ça quoi // donc bon ça a changé hein / mais bon il y a toujours des gens qui ont des / des préjugés par rapport au fait que ça se passe comme ça quoi

E1. le professeur de français ?

Cf5. non / justement le professeur de français il était / est / très intéressé par euh / par cette aspect euh / parce que lui fonctionnait un peu c'était très pédagogique / par rapport à d'autres classes euh / de français au collège il avait / organisé une petite bibliothèque parce que il y avait pas mal de GENS qui étaient pas forcément d'origine française et qui venaient là donc X de / de lire / qui / qui avaient pas de bibliothèque chez eux donc il ne faisait pas de livre de lecture / il essayait de les intéresser / donc en fait il était très ouvert justement à ce genre de choses et c'est pour ça que / il nous avait fait passer ce petit papier pour qu'on fasse passer à notre instituteur pour que justement il / il essaie de / de / de faire passer / pour / pour éviter ces X là ces fautes d'orthographe là qui revenaient je sais pas exactement / ça pouvait / ça ça pouvait venir oui de / peut-être de lapsus qu'on faisait ou je sais pas

E1. donc euh s'il est intéressé il vous / il vous aimait bien /

Cf5. ouais ouais

E1. tous les quatre un petit peu plus que des euh /

Cf5. ben / il nous //

E1. des scolarisés standards on va dire ?

Cf5. non / c'était / je pense qu'ils ont / ils essayaient un peu de / de traiter euh / je pense qu'après / c'est plus tard que / que / que les profs s'intéressent à ce genre de chose / non c'est une fois euh / un peu plus tard dans le collège / ou dans le lycée sachant qu'on vient de Calandrette / ça / ils se posent des questions un peu sur la méthode euh ou / ils savent pas comment ça fonctionnait / mais je pense aussi que / selon les groupes / les / les personnes il y avait des expériences complètement différentes / même dans une même fac que je pense que vous aurez des / des gens qui auront pas du tout le le le même / la même opinion
E1. et plus tard / ils s'intéressent un petit peu plus
Cf5. oui voilà c'est diffé
E1. plus tard, c'est-à-dire ?
Cf5. ben je sais pas / déjà il y avait un / au / dans le lycée où j'étais il y avait euh / des profs d'occitan donc / qui eux étaient intéressés PAR NOUS / parce que justement / là il y a / il y a des options occitan pour euh / donc ça les / ça les intéressaient de savoir que / on pouvait / que nous on pouvait apporter des choses euh / et euh / puis c'était une culture différente quand même d'être allée en Calandrette oui / pas / pas très approfondi mais euh / notamment y une prof de français Madame L. / je sais pas si vous la connaissez c'est elle qui nous donnait les cours d'occitan à Henri IV / enfin de temps en temps elle donnait des cours et elle / elle est très intéressée par tout ce qui est culture occitane / mais c'est essentiellement des profs qui sont très / très dans la culture languedocienne / espagnole / qui aiment bien ce genre de chose / je pense que ça aussi euh / ça les intéresse / ce / ce / cet aspect X / bon après ils nous ont jamais demandé de faire des / des trucs euh / justement du fait qu'on était de Calandrette quoi / c'est un système c'est comme ça et puis / je sais pas si /
E1. X
Cf5. non ils n'ont pas essayé justement de creuser / je pense pas que le système soit adapté et puis on était / nous une trop petite quantité pour que justement ça soit / ça soit poursuivit / là / les / les / les profs d'occitan nous on se retrouvait en cinquième / on faisait une heure d'occitan en option euh / bon ben c'est pas très intéressant quand on X la langue / on écoutait euh / d'accord / histoire de ne pas perdre mais euh / et en fait on s / on suivait des cours avec euh notre ancienne école pendant deux trois ans / on allait une heure par semaine le vendredi euh pour pas perdre / juste l'occitan et puis on allait voir Rh
E1. et c'est quoi qui vous a le plus étonnée quand vous êtes arrivée dans un nouveau cadre pédagogique
Cf5. c'est plus par rapport à / c'est pas par rapport à la langue / c'est plus par rapport aux rapports euh élève-professeur // moi j'avais euh / enfin quand du temps où j'étais à la Calandrette j'avais pas du tout de stress de PEUR de l'école euh / peur des interros / peur de / de quoi que ce soit euh / pourtant je

travaillais / j'étais assez sérieuse / je travaillais bien / alors que là dès qu'on arrive au lycée / c'est / bon déjà le professeur c'est plus euh / je pense qu'il est plus élevé par rapport à / par rapport à nous euh / et il y a plus un rapport euh dominant-dominé / je trouve et euh / ils essaient peut-être moins de comprendre les élèves je sais pas / et après ils essaient / oui ils essaient de nous faire peur quoi / en disant il vous faut faire vos devoirs / il faut apprendre ça par cœur / il faut faire ci / il faut faire ça / les interros euh / je sais pas / c'est pas du tout / c'est pas du tout la même / la même relation euh / je sais pas / bon ben c'est vrai que les groupes / étant donné qu'on était issus de d'un groupe / nous on était dix entre deux sections en CM / quand j'étais en CM2 / entre CM1 CM2 on était dix / donc arrivés dans une classe de trente élèves euh / on peut pas se permettre de faire la même chose que ce que X

E1. et comment vous définiriez la relation maître-élève que vous aviez en Calandrette ?

Cf5. en Calandrette ? moi j'av / j'avais l'impression qu'on avait un rapport euh / entre adultes / je / je sais pas / j'avais pas / mais / bon on pouvait / on réagissait comme des enfants mais ils nous traitait comme des adultes / le fait de / de faire ce conseil / de faire les réunions / d'avoir des équipes ça nous responsabilisait beaucoup et euh / moi j'avais pas l'impression d'être euh / je pense que ça a vachement / ça m'a vachement éveillée par rapport à ça / par rapport aux relations / et beaucoup aussi par rapport au respect de l'autre / je trouvais que / je sais pas moi pendant un cours euh / jamais j'aurai euh / j'aurai bavardé quoi / c'est un truc euh / alors que je trouvais qu'au collège beaucoup de gens parlaient en cours / même ils trichaient / c'est des trucs moi ça me / ça me serait jamais venu par / par la tête X quoi / c'est pas / je sais pas / je / ça faisait pas partie du SYSTÈME je trouve / et euh / non c'était ouais /

E1. et l'ambiance que vous aviez en Calandrette / comment vous la décririez ?

Cf5. famille / c'était très famille et puis surtout que nous c'était les premiers euh / au tout début la cantine c'était les parents qui la faisaient euh / et puis quand on est un petit groupe pour partir en voyage scolaire c'était pratique quoi / c'était euh / et puis les parents étaient très investis aussi au début / puisque bon c'est eux aussi quoi / mes parents faisaient partie de / de ceux qui ont aidé au départ à la création / enfin ils se sont / la / la Calandrette était créée mais ils se sont insérés au groupe pour euh / pour aider à ce que ça / à ce que ça marche quoi / et euh donc en fait c'était très famille / les sorties / ça faisait partie du groupe d'amis quoi / on était / mais maintenant on se voit plus beaucoup entre tous / mais euh chaque fois qu'on se lance pour la réunion il y a quelque chose qui passe X c'est / autant il y a des gens de maternelle qui vont / qui / enfin / qui se sont connus en école primaire ils vont se croiser dans la rue ils vont pas se reconnaître / ils vont pas se parler / nous on va se reconnaître on va se parler / comme / même si on s'est pas vus de trois ou

quatre ans ça va / ça va rien changer quoi / c'est euh / je sais pas c'est / oui c'est resté quoi / c'est comme de la famille / donc
E2. *e sabetz per quina rason vos parents vos avián inscrich en Calandreta* ?
Cf5. hum / je vais pas savoir répondre en occitan / je comprends / je vais pas savoir parce que ça va / ça va me / je vais / je vais / un séjour en Italie / j'ai mélangé entre l'espagnol l'italien [rires] l'anglais donc euh
Cf5. en fait mes parents m'ont mis là parce que justement j'avais pas du tout / j'avais fait un rejet par rapport euh à l'école prim / euh / maternelle traditionnelle ça s'était pas du tout bien passé / et on avait des amis à nous qui habitaient juste à côté / on habitait à côté de la Calandrette / on avait des amis à nous qui avaient mis leur fille à la Calandrette et euh / bon et du coup ils m'ont mis à l'école / ils ont trouvé l'ambiance sympa et puis ça s'est passé / ça s'est passé comme ça quoi c'était / bon / mais c'est vrai que bon j'ai eu de la chan / je suis heureuse de pas avoir / de pas avoir euh MARché avec euh l'école primaire normale / parce que je pense que ça m'aurait / ça aurait changé beaucoup de / je sais pas je pense que ça aurait changé beaucoup de choses que je sois pas allée / à la Calandrette /
E2. et quand on vous dit le mot Calandrette aujourd'hui euh ça vous évoque quoi ?
Cf5. oui ça évoque plein de choses / que des / enfin pour moi c'est que des bonnes choses / et l'autre fois je discutais dans / dans le train avec des amis à moi qui sont au-dessus de Besançon et / ils comprenaient pas pour eux l'occitan c'est euh "*Viure al païs*" le dimanche après-midi / ils me disent / il me dit mais qu'est-ce que c'est que cette LANgue euh / moi j'ai / de suite je me suis sentie AGRESSÉE par rapport à ça quoi / en plus c'est critiqué alors bon j'étais là et puis je fais / tout le temps ça / par rapport à ça j'ai fait que des éloges en disant que si j'ai des enfants je les mettrai à la Calandrette / si euh / je sais pas pour moi c'est euh / j'ai des / j'ai des / une petite cousine à Toulouse qui est aussi en / enfin a appris que / enfin on leur a expliqué un peu comment c'était euh / enfin à leur parents et ils nous ont dit oui la Calandrette ils ont essayé et ça se passe super bien aussi quoi / et euh pour moi je trouve ça / je trouve que c'est un / une réussite que de convaincre des gens dans / de / de mettre leur enfants dans ces écoles–là / et qu'après / et d'après avoir de / de / de bons / de bonnes retombées de ça quoi / parce que souvent / c'est vrai que d'en parler aux gens ça les séduit beaucoup / enfin surtout / quand / quand c'est des / des gens qui sont passés par là / de savoir que bon / ben ça / ça se passe bien que / ben je / je suis au même niveau que ce que d'autres qui seraient passés dans les écoles traditionnelles euh / et voilà quoi
E1. et en sur l'occitan / euh / quand vous étiez dans la cour par exemple entre élèves vous parliez français ou vous parliez occitan ?
Cf5. mm / je pense que quand on était tout petits on parlait plus l'occitan / et après il y a un âge où c'est un peu plus délicat / bon / je / enfin moi je pense

que c'était un peu plus délicat parce que / déjà on était un petit groupe et euh / et euh si on avait des amis à l'extérieur ou quoi on parlait français / le français / en fait c'est que le français c'était la langue qu'on / on se / on parlait français dans la cour essentiellement à partir de / peut-être dix ans / parce que bon quand on était chez / quand on se voyait à l'extérieur de l'école on parlait français euh / mais ça pouvait arriver qu'on sorte / qu'on dise des mots en occitan qu'on / qu'on / mais c'était essentiellement /

Cf5. ouais plutôt le français

E1. et ces mots en occitan ça sortait à quelle occasion ?

Cf5. ben des fois peut-être pour [rires] pour se dire des bêtises ou alors s'insulter ou / mais après si en occitan par contre euh / devant les instituteurs quand on parlait aux instituteurs jamais euh on / on va leur parler en français même dans la cour / même à l'extérieur quoi / par exemple si euh avec mes parents on allait manger euh / chez Rh / moi il me parlait en occitan et je répondais en occitan / même maintenant quand c'est / s'il téléphone chez nous il va me / il va me parler euh / au début en français parce qu'il sait pas qui c'est / puis quand il sait que c'est moi il va me parler en occitan / je vais essayer de répondre et euh / je sais pas pour moi c'est euh / je croise quelqu'un qui a un rapport avec la culture occitane je vais lui parler en / oui il va essayer de me parler en occitan / moi je vais essayer / je vais essayer de répondre quoi / même si euh l'apprentissage avec l'espagnol a / après / puisque au collège et au lycée j'ai pris l'espagnol / ça / ça a beaucoup pertur / enfin perturbé de / de / parce que il y a certains mots qui se ressemblent / donc euh / des / j'aurai tendance à pas bien prononcer euh / à faire des / des amalgames tout ça / je pense que bon aussi pendant une semaine je vais euh / avec des gens qui parlent occitan donc ça reviendra quand même / enfin comme avant je pense

E1. mm

Cf5. c'est une question d'habitude / parce que c'est resté quand même euh / derrière dans ma mémoire au fond

E2. *e dins l'encastre familiar X de lo parlar ambe vòstra sòrre ?*

Cf5. euh non / on parlait pas avec / avec Cf4 euh ça pouvait arriver si pour s'amuser peut-être euh / mais euh / c'est vrai qu'en fait on est trois sœurs et euh / ma sœur étant plus âgée elle a pas / elle a pas pu passer par le système de la Calandrette / parce que elle était déjà dans une école euh traditionnelle quand / quand nous on est allées / et donc que comme on était essentiellement toutes les trois ensemBLE qu'on faisait / c'était un peu l'exclure que de faire ça et puis en plus au moment où on était en / on avait des jeunes filles au pair étrangères aussi quand on était toutes petites donc euh c'était pas / c'était pas trop / ça allait pas trop de pair pour parler occitan / si ça devait nous arriver aussi pareil mais euh / et c'était essentiellement à l'école / quand même l'occitan c'est essentiellement à l'école /

E1. mm / et les grands parents ils parlaient pas occitan ?

Cf5. non euh / mon grand-père parlait un peu occitan / mais c'était / il disait des mots euh comme ça euh à table / il aimait bien sortir deux trois phrases / mais c'était du patois c'était vraiment / c'était pas la même chose quoi / donc heu
E1. c'est quoi la différence entre / pour vous entre le patois et l'occitan ?
Cf5. pour moi / ben c'est- à dire que déjà il y a pas mal de différence entre les occitans y en a à Toulouse / je sais pas moi / moi je comprends celui / ce celui que vous parlez c'est celui que j'ai appris
E2. X
Cf5. il y a des fois / il y a des fois / il y a des fois où par exemple celui des émissions de télé c'est pas le même / c'est pas tout à fait le même / prononcé de / X pas la même chose / pour moi le patois c'est plus euh / je pense c'est un mélange c'est plus une langue parlée euh / par par les personnes âgées euh / les papis et les mamies des villages / je les comprends en fait / mais pour moi / eux ils vont sortir plus des expressions que de parler vraiment euh je sais pas pour moi c'était plus ça / donc euh sachant que j'étais en Calandrette ils vont me dire une expression / des petites heu
E1. oui / donc ça c'est le patois
Cf5. ouais
E1. et l'occitan ça ?
Cf5. et l'occitan c'était oui / c'était ce que je parlais à l'école / c'était mm / ce que je parlais avec le avec les les instituteurs
E1. c'est-à-dire que l'occitan c'est plus ce qui se passe autour de Béziers ? et donc les papis et les mamies sont plus éloignés donc c'est le patois ou est-ce que l'occitan c'est plus euh / c'est plus des histoires de / de génération ou de langue / parce que ça vous est plus proche ?
Cf5. mais en fait pour moi l'occitan c'est / je pense que celui qu'on parle c'est / c'est une question de modernité / je pense qu'il est / plus moderne / pour moi le patois c'est ancien et l'occitan c'est moderne
E1. bon d'accord
Cf5. même si c'est issu des mêmes / si ça a les mêmes racines / enfin moi je le verrai plutôt comme ça
E1. il y a des mots nouveaux ?
Cf5. voilà il y a des mots nouveaux oui puisque / on est / on est obligé de s'adapter puis / puisque / nous on / dans le cadre de l'école on le parlait comme une langue courante donc euh / ben euh c'est vrai qu'on va pas avoir les même discussions / que celles des papis et des mamies / dans les villages quoi /
E1. X
Cf5. et ben on racontait / on racontait nos histoires / le / le lundi matin on avait notre cours notre / il s'appelait euh / comment ça ? / "qui a *de nòu* ?"
E1. mm mm
Cf5. et on racontait ce qu'on avait fait pendant les vacances et pendant le

week-end et on parlait en occitan comme / comme une discussion normale quoi
E1. c'est la langue vivante X ?
Cf5. voilà ouais ouais c'est plus une langue vivante alors que le patois c'est peut-être plus une langue un peu / un peu morte un peu éloignée / plus poussiéreuse
E1. d'accord
E2. vous avez dit que vous aviez pris l'option occitan au collège
Cf5. mm mm
E2. est-ce qu'après vous avez continué à / à suivre les cours ou vous avez arrêté ?
Cf5. non en fait il y en avait en sixième et cinquième dans / dans mon collège donc là j'y allais euh / et euh après j'ai repris qu'en seconde / seconde première terminale j'ai passé euh l'option au BAC / et euh / et après sinon les / le contact essentiel que j'ai gardé avec la lan / avec l'occitan c'est par l'intermédiaire des gens de la Calandrette / c'est euh X
E1. mm / et le / là vous vous intéressez un petit peu à la culture occitane / chanson euh ?
Cf5. je suis euh / enfin ça dé / s' il y a quelque chose qui va / bon par exemple XX ça me branche pas particulièrement mais après euh / si euh / pour les fêtes d'école / si / si je sais qui a quelque chose en rapport avec l'occitan ça va / ça va m'interpeller euh / ça va / dès qu'il y a eu des manifestations comme ce qui a eu au Palais des Congrès donc ça / j'y / j'y su / j'irai / et euh / après euh / ça / ça va m'intéresser dans la mesure où ça va être / ça va faire partie de la culture de / de la région / ça va / en fait j'avais bien aimé au lycée en faire de l'occitan parce qu'on avait étudié / comme euh quand on était à l'école euh / à l'école primaire on l'étudiait juste pour parler / c'était des / des des contes pour enfants / on n'a pas vraiment fait euh l'histoire de Béziers euh / les / les grands poètes on n'a pas fait tout ça parce que bon c'est pas des / c'est pas vraiment abordable en CM1 CM2 / et là on a fait pas mal de trucs qui m'ont euh / ça m'a bien plu là / le sac de Béziers / bon vous connaissez l'histoire / on a étudié des textes de poètes de / de l'époque / on avait fait euh / moi je / j'avais / j'avais bien aimé ça / le fait de / de le voir sous un autre / sous un aspect un peu plus historique en fait / tout en sachant que c'est pas tout à fait la même langue que celle que / que j'avais appris / parce que bon il y avait pas les mêmes MOTS et c'est comme quand on vit les textes en anciens français euh / euh et c'est mieux je crois X
E1. mm mm / et par exemple si vous savez qu'il y a un soir un concert à Montpellier en occitan ?
Cf5. ça un peu moins / ben ça dépendra / ça dépendra du style de musique aussi / donc
E1. si c'est plus occitan traditionnel ?
Cf5. non / je je / je le ferai / j'irai plus dans le cadre d'une / d'une fête /

justement d'une fête de l'école ou par exemple pendant la féria / il y a des / à Béziers il y a / il y a le village occitan euh / bon cette année je l'avais pas fait parce que je / je bossais mais sinon je / j'étais allée passer une soirée / travailler là-bas ou / là je suis allée boire un coup euh / et ça me plaît de voir ces spectacles–là mais après dans un / dans un autre cadre non pas / pas spécialement / parce que bon / je sais pas c'est peut-être pas une musique que j'écouterais comme ça euh / si ça va m'intriguer si j'entends quelque chose à la radio ou dans la rue mais euh je vais pas il y aller euh "super il y a un spectacle en occitan je vais aller le voir parce que c'est de l'occitan" quoi / ça doit être parce que je connais peut-être celui qui va chanter ou parce que heu

E1. d'accord

E2. *e pensatz que serià aisit per vautre de tornar cap a la lenga per l'aprene a parlar?*

Cf5. euh j'ai pas compris la / la fin de la

E2. *de tornar parlar la lenga / es que serià ausit per vautre de tornar venir cap a l'occitan o*

Cf5. si si / je pense que / ce que je disais / moi on me mets dans un cadre on me fait partir avec euh / mes / on en discutait là avec euh / on a une envie c'est de repartir de faire un truc ensemble comme ça de se retrouver euh je sais pas oui moi ça me dérangerait pas de faire un bain linguistique / pendant / pendant quatre jours pour parler / pour reprendre l'occitan je pense que j'aurai pas du tout de mal quoi / parce que déjà le comprendre je l'ai pas perdu / et à le parler je pense que c'est juste une / plus parce que j'oserai pas / j'ose / j'ai PEUR de faire des fautes / c'est c'est bête quoi / j'ai peur de dire / de dire des bêtises mélangées avec l'espagnol et pour moi c'est tellement une énormité de mélanger l'espagnol et l'occitan que je préfère ne pas dire de bêtises plutôt que de le / de le

E2. maintenant que vous avez du recul par rapport à la Calandrette est-ce que vous pensez à des choses qui pourraient être améliorées ou d'autres idées à mettre en place dans la classe ?

Cf4. heu // je sais pas parce que je pense quand même que le système a un peu changé par rapport au moment où j'y étais / parce que / on en a discuté pareil l'autre fois avec les autres / on / on a eu / on / on a fait partie quand même d'une / d'une promo assez exceptionnelle du fait qu'on était euh / l'équivalent de ceux qui doivent être dans deux classes / on était ça dans toute l'école quoi / donc ça nous permettait de faire des voyages / puis euh / moi je sais pas après les instituteurs de / de maintenant je les connais pas mais moi quand j'y étais quand j'avais Rh / il y avait Rf1 / tout ça donc c'était vraiment une / bon / alors je sais pas du tout comment ça va / ça peut se passer maintenant mais euh / par rapport à l'époque où j'étais oui / mais je pense pas que ça puisse / que ça puise être pareil que maintenant / que par rapport à l'époque où j'étais / et euh c'est / c'est sûr que que XX / mais je pense que même si c'est différent c'est pas / c'est pas moins bien / c'est euh c'est différent /// et des choses à changer euh j'en vois pas / moi euh c'était / c'était magique / c'était / la la la / d'appliquer cette méthode Freinet de / que chacun puisse progresser / il y avait pas un nul et le bon comme quand on arrive au collège / on sait euh / le premier et le dernier quoi / quand on me ra / quand / quand j'avais des copains qui venaient d'autres écoles comme X / moi je suis premier / moi je suis der / moi je suis ni troisième ni / moi c'était aberrant de savoir ça / alors que / ben chez nous ça se passait pas comme ça / il y en avait qui étaient / qui étaient plus forts que d'autres euh / ça se voyait par les couleurs mais autant / chacun avançait à son à son rythme dans la matière qu'il voulait et ça c'était / c'était bien / quoi

E2. justement en parlant de comparaison avec l'école publique / puisque votre sœur aînée était dans un X traditionnel / quand vous avez été amenée à aborder les apprentissages de lecture où euh le fait d' y avancer avec deux langues c'était pas la même façon / d'apprendre à lire qu'un enfant qui est unilingue / est-ce que euh vous avez eu des retours à ce moment là / de votre apprentissage ?

Cf5. non non je pense pas / c'est-à-dire qu'en fait euh / la lecture en occitan je la faisais / pas mal à l'école mais après chez moi c'était euh / bon j'avais / j'avais des petits livres en occitan / j'avais des petites histoires mais ma mère quand elle me racontait des histoires elle me racontait des histoires en français / donc la lecture faisait / c'était aussi / et puis quand même on travaillait quand même / on travaillait beaucoup euh le français à la Calandrette on faisait pas que de l'occitan / c'était pas du tout bouché sur le français / j'ai appris des poésies de Verlaine à la Calandrette quoi / c'est pas / c'est pas du tout euh bloqué par rapport à ça quoi / c'était AU CONtraire ça faisait partie / c'est pas / pour MOI la Calandrette c'est pas qu'une école occitane c'est une école à part entière et on fait de l'occitan en plus / mais euh / si par exemple le lundi moi j'avais mon cours d'histoire en occitan et que le mardi j'avais mon cours d'histoire en français / enfin je sais pas / je me souviens plus très bien si ça se passait comme ça mais euh / ça me choquait pas quoi / c'était euh / j'étais pas gênée par rapport euh / par rapport à ça / le le français n'était pas du tout délaissé / et euh / parce que pareil quand on refaisait nos / nos journaux / je sais pas si vous le faites encore ça / on imprime des petits journaux et euh / les textes il y avait quand même / des textes en français et des textes en occitan / et c'était pas / pour nous le but c'était / mais je pense pas que le but de la Calandrette se soit / de faire QUE de l'occitan pour l'occitan / parce que c'est / c'est / justement c'est un truc OUVERT c'est pas un truc fermé du tout quoi / donc euh / ce qui fait que ça marche bien c'est que c'est / c'est mélangé / français occitan / je pense

E1. et le fait d'avoir été dans une école classique avant / est-ce que ça a eu des incidences sur votre scolarité en Calandrette ?

Cf5. euh j'y suis pas restée longtemps j'ai dû y faire trois semaines même pas

/ enfin X je m'en souviens pas X
E1. vous savez pas ?
Cf5. non non
E1. mais sinon les X par exemple / par rapport à votre sœur / à ce moment-là ?
Cf5. euh ma grande sœur ?
E1. votre grande sœur / oui
Cf5. en fait elle / elle n'a pas eu / une / une bonne scolarité / elle a / elle a / elle a été complètement hermétique / enfin ça c'est très mal passé avec son école primaire / et euh mes parents ont beaucoup regretté parce que je pense qu'elle aurait été dans un système comme la Calandrette elle se serait pas du tout / du tout braquée quoi / mais là c'est justement par rapport à ça qu'on à fait / beaucoup la comparaison parce que / elle euh / bon elle a redoublé le / le je sais pas / je crois le CE1 parce qu'elle avait un problème de dyslexie / et en fait ils l'ont beaucoup exclue par rapport à ça / donc c'était ceux qui sont pas bons on les met au fond de la classe et puis / et puis on s'occupe pas d'eux / et après en CM2 elle a eu des difficultés / ils l'ont mise au fond de la classe et pareil / mes parents ont fait des pieds et des mains pour éviter de lui faire redoubler le CM2 parce que bon euh / ils disaient que ils la feraient travailler l'été et cetera / et euh ils ont / ils ont tout fait pour la faire / faire redoubler le CM2 et arriver en sixième avec deux ans de retard c'est pas / toujours / alors que bon / je pense qu'elle serait pas / elle a / elle a eu vraiment une / elle a mis beaucoup de temps à / faire la séparation par rapport à l'école / enfin par rapport aux profs / je pense qu'elle serait passée par une école comme la Calandrette ça se serait pas du tout passé / comme ça / et je pense que c'est c'est ça marche bien avec ce style d'élève mais je pense pas que la Calandrette marche bien / avec tous / TOUS / TOUS les élèves et puis ça dépend des parents beaucoup aussi /
E1. donc ça a eu comme conséquence après pour vous / qu'on vous ait envoyées toutes les deux ensuite en Calandrette
Cf5. en Calandrette parce que pour moi ça avait bien marché / et puis le fait que mes parents se soient mis aussi avec le / se soient in / beaucoup investis là-dedans euh / ça a / ça a joué / pour que / pour que ça / enfin pour qu'elle / qu'elle il y aille quoi / parce que c'est / mes parents ont aidé plus ou moins à ce que ça continue / à ce que ça marche parce qu' au début au niveau financier il y avait beaucoup de problèmes / il fallait que tout le monde mette la main à la pâte / il fallait peindre l'école / il fallait euh / bon le fait qui / qu'ils aient / qu'ils aient participé à ça ils pouvaient pas euh dire / bon ben si ça leur avait pas plu ils auraient pas fait quoi / s'ils avaient vu que ça avait des de / autant de négatifs sur moi ou sur elle ils l'auraient pas fait quoi / s'ils avaient vu que ça avait des des / retombées négatives sur moi ou sur elle ils auraient pas X
E1. et vous est-ce que vous pensez que ça a eu des incidences / justement la

scolarité de votre sœur et ses difficultés dans / dans ce système ?
Cf5. ouais je pense que euh / du fait que moi / ils ont vu que j'avais fait un re / un rejet euh de / de
E1. pas pas vos parents / mais euh / vous X ?
Cf5. ouais je vais répondre excusez-moi [INTERRUPTION DE L'ENTRETIEN]
[. . .]
Cf5. oui / qu'il m'aient mis à la Calandrette ? c'est ça ?
E1. oui voilà en fait
Cf5. c'est vrai que ma sœur a eu des problèmes avec l'école ça a insisté pour que j'aille à la Calandrette
E1. la connaissance que vous aviez de l'école a eu des incidences sur votre scolarité / en Calandrette ?
Cf5. la connaissance que j'avais de l'école primaire euh / traditionnelle?
E1. ouais voilà donc la première c'est que vos parents vous ont mis en Calandrette / ça c'est de leur part et de votre part vous ?
Cf5. et de la mienne ? non parce que je ne pense pas que j'étais suffisamment mûre pour comprendre ce qui se passait avec ma sœur et euh / donc / j'étais petite hein / j'étais au tout début et puis après j'étais dans ce système donc pour / la comparaison euh / c'est peut-être plus tard que je l'ai vu quoi / plus tard une fois que je suis sortie euh de l'école primaire que j'ai vu l'influence que ça pouvait avoir / le côté / le côté positif euh / que ça peut avoir / mais plus après / sur le moment non quoi / X et puis
E2. comment s'est passé l'apprentissage de / d'autres langues vivantes / après l'expérience de la Calandrette ?
Cf5. après euh / PLUS facile pour les langues latines / et euh donc en fait euh / bon ben l'espagnol / X de problèmes quoi pour moi / je le comprends quand on / quand on le parle j'ai / j'ai pas eu de problèmes / l'anglais j'étais un peu plus / pourtant on avait / on avait des cours un peu euh d'apprentissage d'anglais euh une heure par semaine / donc je connaissais un peu les mots mais l'anglais j'ai jamais vraiment accroché mais bon / je sais / euh / je sais que ce que j'avais / ce que j'avais bien aimé à la Calandrette c'est qu' on a pas l'impression / du fait de / d'apprendre si jeune / on a pas l'impression qu'on apprend deux langues / moi j'ai pas eu la difficulté d'apprendre deux langues quoi / je pense qu'on m'en aurait mis peut-être trois à l'école primaire j'aurais pas eu des / des / enfin trois euh / euh vraiment dans l'apprentissage de la langue en / en / petites sections je pense que je l'aurais re / j'aurais euh / enfin je pense que ça se serait passé pareil quoi
E1. et c'est dû à quoi cette facilité justement ?
Cf5. je sais pas / parce qu'on se rend pas compte euh / peut-être aussi / ben les enfants qui ont / qui ont les parents de nationalités de deux nationalités différentes ils n'ont pas du tout de mal non plus à apprendre les deux langues hein /
E1. X pour rapprocher un petit peu de votre cas c'est ?

Cf5. oui je pense c'est ça / je pense que c'est ça / ou aussi le fait qu'on me l'ait parlé très tôt / et que j'étais dans le bain euh / et donc euh bon ça / ça a pas de / il y a pas / il y a pas eu de l'effort / l'effort d'apprendre quoi / moi quand j'étais / quand j'ai appris à lire je savais déjà parler / quand j'ai appris à écrire je savais déjà parler l'occitan et le français donc euh / c'était pas
E1. et par exemple on vous aurait euh / la Calandrette aurait donné des cours / X / formé en anglais ? est-ce que
Cf5. en plus de l'occitan ?
E1. non / à la place de l'occitan il y aurait eu l'anglais / est-ce que vous auriez eu la même facilité d'apprentissage à votre avis ?
Cf5. je pense que oui / si / si c'était avec le même système mais avec l'anglais je pense que oui
E1. d'accord
Cf5. c'est pour ça que là j'ai / en fait / moi en / en grandissant je / je me suis dit "mais pourquoi / pourquoi ça se fait pas plus ce genre de choses" / parce que on serait tous bilingues euh / c'est / c'est pour moi ça c'est une aberration que ça se fasse pas plus l'apprentissage des langues à l'école primaire / parce que je pense que beaucoup de gens seraient / seraient beaucoup plus de gens seraient bilingues
E1. et l'anglais / vous dites que vous n'arrivez pas à accrocher sur l'anglais ça viendrait d'où ?
Cf5. je sais pas / ça je pense que ça dépend du caractère / des gens / je pense pas que ça vienne du euh / je sais pas moi / je suis plus culture latine / culture X / que culture en Angleterre / je sais pas / BON je le parle / enfin je le parle / je sais / je sais faire des phrases en anglais euh / je sais pas / je suis moins intéressée par la culture parce que / je trouve que / enfin au niveau historique et tous ça c'est beaucoup plus intéressant les langues / les langues latines / donc euh
E1. mm / et ça / ça peut-être également le fait que vous parliez occitan
Cf5. qui / qui me
E1. qui vous ait / est-ce que ça vous a aidée ? ça vous X essentiellement
Cf5. je pense pas / pas vraiment que ça vienne par rapport à la Calandrette / parce que pareil / y en a un qui était bon en français et il était euh / il était super bon aussi en anglais euh / je sais pas si / il est à Paul-Valéry il fait une double / une double licence français euh / anglais et occitan / et euh / je pense pas / je pense que ça ça dépend vraiment du caractère comme il y a des gens qui sont pas bons en maths et qui sont pas bons / et qui sont bons en fra / français euh / je sais pas ça c'est plus euh / qu'une question de
E1. parce que vos parents à la maison parlaient espagnol / parlaient anglais euh français / uniquement ?
Cf5. français oui / oui / bon ils savent euh / ma mère c'est / enfin comprend un peu l'anglais euh / mais parce que / parce qu'elle l'a / elle l'a appris comme / ça / prononcer euh / donc c'est pas / moi c'est / c'est plus par un feeling

personnel que j'aurai comme ça / autant ma sœur euh ét / était bonne / était pas mauvaise en anglais quoi / c'était pas / bien sûr / bon // et puis je pense aussi que du fait que ce soit plus proche / le français / l'espagnol / et tout ça il y a quand même des mots qui reviennent / donc des sonorités / euh / ça fait qu'on a beaucoup moins de mal à apprendre ce genre de langues que / et après au / c'est vrai que quand même au niveau du système de grammaire et tout ça le / l'espagnol fonctionne beaucoup comme l'occitan il y a beaucoup de / je sais pas c'est / euh au niveau de la conjugaison ça quand même / ça / moi ça j'ai pas beaucoup / alors que / les / les verbes irréguliers en espagnol pour beaucoup c'est euh un casse-tête pour moi c'est / ça a été / assez assez bien assimilé la grammaire en général // et ça je sais pas si ça peut venir de de l'occitan ou si c'est euh

E1. et l'italien est-ce que ça vous X ?

Cf5. l'italien euh / ouais mais ça l'italien je l'ai pas fait euh / au collège parce que / il fallait choisir une langue / moi j'ai choisi l'espagnol / mais euh là euh / je le comprends c'est vrai que c'est très / c'est proche / c'est des langues qui sont proches les unes des autres / mais bon je saurai pas le parler parce que euh / enfin je fais / j'ai fait un gros mélange ça ressemble à rien / mais euh je le comprends / je comprends oui quelques phrases / je comprends quelques mots euh / parce que c'est des langues / c'est vrai c'est des langues qui peuvent être issues de la même X

E1. mm mm / est-ce que des fois vous vous rendez compte parfois que vous passez par exemple par l'occitan pour essayer de comprendre un peu l'italien ?

Cf5. oui oui / je passe / oui si oui par / par beaucoup de / par plusieurs euh / c'est-à-dire que quand on discutait euh / là on essaie de discuter avec des autochtones on va dire / euh ben on essayait / pour dire un MOT d'abord on essayait de le dire euh / en le tournant un peu à la sauce italienne après on s'est dit bon on va le faire par rapport à l'espagnol et puis / c'est vrai que peut-être inconsciemment je l'aurai fait avec l'occitan parce que c'est des / des mots / on va dire / on va ra rajouter un "a" à la enfin avec un mot français et on se dit ça va faire un peu d'occitan euh et puis / c'est un peu / ouais et puis bon c'est pas facile

E2. vous avez dit qu'au niveau des conjugaisons il y a des choses qui se ressemblaient entre l'espagnol et l'occitan ?

Cf5. oui

E2. euh à un moment donné est-ce que vous / vous n'avez pas pu X ça comme une façon de X la confusion / est-ce que c'était très clair pour vous entre l'occitan et l'espagnol ?

Cf5. c'est-à-dire qu'à partir du moment où j'ai fait euh de l'espagnol / l'occitan je le faisais plus à l'école / enfin j'en / j'en faisais plus / même / même au ly / même au collège j'en faisais plus / donc j'ai appris la langue nouvelle / je l'ai apprise comme quelque chose de nouveau et ça m'ai / l'occitan m'aidait pas mal pour le vocabulaire / pour la conjugaison je savais que c'est un truc à part entière donc euh je / X / non je pense pas / je pense pas qu'il il y ait beaucoup de confusion / c'est après une fois que j'ai appris l'espagnol / le fait d'avoir interrompu beaucoup l'occitan / ça m'a fait des confusions par rapport à l'occitan / quand je le parle maintenant l'occitan c'est vrai je / je vais pas arriver à bien prononcer / les mots comme comme il le faudrait quoi // mais là par exemple l'autre fois / j'ai / à ma petite cousine je lui avait lu euh une histoire en occitan / et en le lisant / en le lisant doucement un petit conte en occitan j'arrivais à prononcer / comme il fallait quoi / il fallait que je me concentre quoi / je savais que le "a" ça se disait "o" et euh / j'arrivais à le / à le prononcer / oui // mais euh avant en faisant / oui c'est pour ça que bon c'est pas / c'est pas perdu quoi / c'est-ce que je me dis

E1. mm mm / et euh est-ce que votre / vous pensez que vous parlez bien espagnol ?

Cf5. oui / je pense que / enfin oui oui / j'arrive j'arrive à parler / mais pareil / c'est / c'est une / à partir du moment où on pratique plus régulièrement une langue euh / parce que bon là j'en fais un peu à la Fac mais l'espagnol bon c'est une heure par semaine pareil / je pense qu'il faut un bain / un bain linguistique de quelques jours et ça ça revient quoi / je pense que c'est pas euh

E1. avec le bain ça

Cf5. oui voilà / je pense que c'est juste une question de ça enfin c'est //

E2. et quand on vous dit occitan ça veut dire quoi pour vous aujourd'hui ?

Cf5. ben je pense si c'est très en rapport avec mes racines / c'est euh / bon mon enfance aussi / euh l'école / l'école primaire / des amis aussi / beaucoup les / beaucoup les racines // c'est je trouve / ben ça c'est pareil quelque chose dont je me rendais pas compte sur le moment / et c'est / c'est plus tard que je me suis rendu compte que ça collait beaucoup / aux racines / à l'histoire de ma région euh / comme c'est quelque chose qui / maintenant c'est plus de / avant c'était quelque chose de très rejeté tout ce qui était un peu en rapport avec les / les racines / l'histoire de la région et tout ça / maintenant c'est quelque chose qui est de plus en plus dans le vent plus dans les mentalités des gens et / c'est / enfin c'est obligé que ça nous influence bon / et maintenant oui / c'est vrai que pour moi l'occitan c'est la racine c'est quelque chose que je renie pas du tout hein // alors là face à mes Besanç euh / mes copains de Besançon / je défendais euh ma CULTURE / dur comme fer / alors que eux ils avaient tendance à se moquer de leur culture à eux / parce que de leur / de leur / leur / de la langue d'origine un peu en disant "c'est un accent pourri c'est" / alors qu'ici je trouve que ça a pas du tout les mêmes / la même connotation de la langue euh

E1. c'est ici que ça n'a pas la même connotation ou auprès des gens qui sont intéressés euh ?

Cf5. non je pense que dans le / par rapport à l'occitan / je pense que l'occitan quand même / je sais pas c'est plus une culture qui ressort / il y a des groupes de rap occitan / il y a des euh / le côté traditionnel est euh / alors je sais pas de / ce côté traditionnel-là ressort beaucoup plus je trouve maintenant dans ces dernières / ces dernières années / c'est quelque chose qui est plus euh / pour qu'on en arrive à faire des / des collèges Calandrette des / enfin ça intéresse beaucoup plus les gens je pense /

E1. mm mm

E2. est-ce que vous pourriez nous donner quelques bonnes raisons d'apprendre l'occitan ?

Cf5. d'apprendre l'occitan ? / euh // connaître / ouais connaître notre / notre histoire euh / apprendre quelque chose de nouveau / et euh / je sais pas // aller à la Calandrette peut-être [rires]

E1. et euh

Cf5. non non / je sais pas j'ai pas d'autres euh /// non j'ai pas d'autres raisons // je pense

E1. et l'aspect bilinguisme / puisque vous avez les deux langues dans la tête on va dire / est-ce que c'est quelque chose qui // qui vous semble important maintenant ? d'être passée par / par un milieu comme ça ?

Cf5. oui mais en fait dans la mesure où après ça s'est rajouté / c'est-à-dire que j'aurais pas pris de l'occitan / j'ai / je su / je / en arrivant au collège j'aurais appris l'anglais euh donc j'aurais / il y a un aspect bilinguisme qui est pas / qui est pas le même pour moi / euh l'occitan et le français c'est des langues que je / que je maîtrise quoi / alors que bon les autres c'est pas forcément des langues que je vais maîtriser c'est pas / c'est pas du tout pareil

E1. mm mm / et vous n'auriez pas été bilingue en anglais en l'apprenant au collège ?

Cf5. voilà oui / je pense qu' on devient bilingue à partir du moment où il y a une immersion totale / il faudrait peut-être / pour que je sois bilingue en anglais il faudrait que / que je passe deux mois en Angleterre / douze mois en Angleterre euh // alors que l'occitan oui je l'ai vécu comme un / non c'est je sais pas c'est assez X // après tout euh / c'est-à-dire que la / à la différence de / de / d'un bilinguisme traditionnel / l'occitan c'est pas une langue qui est parlée par tout le monde donc euh / je l'ai euh / je l'ai pas vraiment euh / c'est vrai que ça a pas un côté UTILE pratique quoi / au niveau de / enfin au moment où je / je même pas / si je mets sur mon CV pour me présenter à un boulot que je sais parler occitan il y a pas beaucoup de boulots / qui vont me dire "ah super euh tu parles occitan / ça va vachement nous aider quoi" / mais euh sinon euh / pour euh / d'un point de vue personnel oui ça / moi je suis contente de le savoir / mais me dire que si par exemple je me ballade dans un petit village et que je je lis des plaques en occitan ou que si je tombe sur un bouquin / sur un / sur un texte en occitan dans un journal / je sais que je pourrai le comprendre et le lire quoi / ça c'est un truc qui va vachement me faire plaisir / comme ça par hasard tomber sur ça euh // je suis tombée sur un

/ un bouquin de contes en français où ils ont rassemblé pas mal de textes et il y avait le "Se canta" traduit en français et / je suis tombée dessus et tout / tout d'un coup j'ai eu un petit sourire / de dire ah là là ils en arrivent à traduire des / des chansons en occi / d'occitan en français / enfin de retrouver ma culture comme ça / X c'est / je trouve ça super / ben je trouve ça chouette / bon c'est vrai que l'occitan des fois on a du / enfin X j'aime pas euh une / une pratique euh / je suis pas contente / et puis tout le temps / d'autant que / même si on se voit encore avec euh / mes anc / enfin mes copains / c'est pas / c'est pas du tout / on s'voit pas régulièrement / ça fait pas partie de / de mon groupe d'amis euh que je vois toujours quoi
E1. mm mm / et est-ce que vous pensez que le fait // en / en France on est assez fort dans le monolinguisme ?
Cf5. mm mm ouais /
E1. voilà donc avec beaucoup de gens qui ont des DIfficultés à se mettre une autr / à / à une autre langue / parce que c'est une autre langue c'est difficile d'apprendre une autre langue par / par définition // est-ce que vous pensez le fait d'avoir parlé deux langues ça vous a / peut-être enlevé certaine euh / ça vous a évité de penser de cette manière là ?
Cf5. mm c'est possible je sais pas / c'est euh / moi le fait / le fait euh / enfin quand même j'ai / j'ai connu des difficultés comme tout le monde pour apprendre d'autres langues quoi / après / parce que je pense que passé un certain âge c'est beaucoup plus difficile euh d'a / d'apprendre / et euh / moi ça m'a / ça j'ai plus vu ça d'un côté négatif en disant "mais pourquoi / pourquoi on n'apprend pas plus jeune d'autres langues / quoi" / c'est euh / mais euh / après euh / c'est je sais pas je / c'est vrai que j'ai pas eu du tout de / je me dis en / parce que / il y a un aspect utile aussi à parler d'autres langues donc euh / je / je suis pas du tout réfractaire à apprendre d'autres langues parce que je me dis que ça me sert / aussi donc heu
E2. [rire] *cresi qu'es acabat*
Cf5. [rire]
E1. merci Madame [rires]
Cf5. X [rires] / XX
E1. sept heures pile
E2. ah [rires]
Cf5. bon je vais aller euh l'appeler [il s'agit de sa soeur] / vous avez peut-être d'autres / d'autres questions / je sais pas / il y a pas trop de problèmes heu
E1. non par contre s'il y a des choses qu'on vous a pas demandées auxquelles vous pensiez ?
Cf5. je sais pas / peut-être pas insister sur le / sur le côté que vraiment je pense que ça dépend / des / des caractères des / des parents des des enfants / ce ce côté euh / d'accepter cette méthode euh / la méthode Freinet et tout ça je pense que ça / ça vient parce que moi je connais des gens qui / de ma promo et l'autre fois j'en discutais avec / avec la mère de / de

quelqu'un qui était avec moi / et elle / elle a été / elle a dit / elle a été très virulente par rapport à ça en disant que pour elle / pour elle la Calandrette si / s'il y avait pas les parents derrière pour faire travailler les enfants euh / c'était un peu laxiste alors que moi d / je l'ai pas du tout vu comme ça / j'ai pas du tout vu un / de de laxisme avec la Calandrette alors qu'il y a beaucoup de gens qui ont / qui ont assimilé ça / assimilé ça au laxisme / je pense que ça / ça vient de la conception qu'ont les gens de de l'école en général / ceux qui / ceux qui voient l'école comme un / un service public euh / comme quelque chose qui euh / qu'on doit utiliser euh c'est comme la sécurité sociale quoi / si / si on voit euh le côté euh / sécurité sociale parce qu'on peut utiliser la sécu on va / on va / on va en utiliser le maximum parce que ça nous coûte rien / je pense que si on voit l'école comme ça euh / ça / la Calandrette ça pourra pas avancer / la Calandrette ça marche dans la mesure où / on est / on est en accord avec / avec ce système là et euh / de se dire que bon l'enfant doit progresser euh par rapport à lui même / par rapport à je sais pas c'est euh / je pense que ça / ça vient beaucoup du caractère / il y a des parents qui euh / pour eux l'école c'est euh / apprendre par cœur euh / faire des trucs alors qu'à la Calandrette non / moi j'ai / j'ai appris des choses par cœur à la Calandrette mais ça m'a pas marqué comme euh / enfin pour moi c'était euh / et je suis arrivée en sixième j'étais au même niveau que les autres hein // et euh euh / je sais pas il y a / fait ce changement de méthode je pense pas que ça corresponde à tout le monde / de ce côté là non /

E1. et vous le décririez comment le / fonctionnement Calandrette si vous deviez le présenter à quelqu'un ?

Cf5. je dirais / le système est plutôt original / et euh beaucoup à l'écoute de de l'enfant / écoute de / de s / de ses désirs de sa façon de voir les choses / moi je trouve que c'est un système bien adapté à / à l'enfant / mais euh / bon ça dépend / ça dépend des gens quoi euh / pour moi / oui / c'est / c'est quelque chose qui / qui évolue / qui grandit / avec / l'enfant grandit avec son école / je sais pas comment expliquer ça / c'est c'est moulé / l'enfant est moulé là-dedans c'est c'est vraiment comme quand on met un enfant avec des meubles trop grands euh il peut pas / il peut pas monter sur une chaise alors que là c'est plus adapté / je trouve que c'est quelque chose d'adapté / plus adapté pour / pour /

E2. on entend parfois euh / le fait qu'il y ait de petits effectifs ça euh / ça donne un cadre privilégié ?

Cf5. ouais ça c'est vrai / ça c'est vrai / X c'est sûr on était dix on a pu / on a / en CM2 on a pu partir à Barcelone comme ça euh / je veux dire il suffisait de prendre deux parents euh on prenait deux voitures et puis on casait les enfants dedans quoi / c'était pas / c'est pas le même / la même chose un peu / et puis bon tout le monde / tout le monde communiait / enfin on peut s'adresser plus particulièrement / mais là le fait que / enfin si / s'ils / s'ils veulent continuer à faire comme ça / il y a toujours ces équipes-là qui

fonctionnent / vous faites des équipes ou pas ? vous sav /
E2. ah oui oui
Cf5. oui / voilà donc ça / ça fait que bon / le cadre / le petit cadre est quand même respecté // mais c'est sûr que / c'est / c'est euh même en général pour les écoles traditionnelles euh / c'est mieux d'être vingt que d'être quarante hein / ça c'est c'est sûr
E2 mm mm
E1 [rire]
Cf5. ils sont combien les vôtres ?
E1. eh ben moi j'en ai pas
Cf5. et les vôtres ils sont combien ?
E2. on est / ils sont vingt et un
Cf5. ouais vingt-et-un ça VA / c'est
E2. ils sont en deux niveaux grande section et CP
Cf5. ouais même si / c'est un bon / enfin c'est / c'est correct / quand même ça vous permet de connaître chaque élève euh / un peu plus /// j'appelle euh mon autre sœur
E1. s'il te plaît ouais
Cf5. ben merci encore à vous

Ch5

L'entretien a lieu à la Calandrette Candòla *de Montpellier. Les bruits de la rue perturbent un peu le début de cet entretien : la fenêtre incriminée sera rapidement fermée.*

E1. qu'est-ce qui vous reste de / de positif dans la scolarité Calandrette ?
Ch5. ce qui me reste de / de surtout positif / et ce dont je me rappelle // avec avec / on va dire un bon sentiment / on va dire / c'est / le fait de de s'exprimer en classe beaucoup plus ouvertement / c'est-à-dire de donner son opinion de de / de manière beaucoup plus franche / euh / notamment à l'occasion de / bon des / *conselhs* / ce qu'on appelait les *conselhs* / les conseils / qu'on réunissait entre / on constituait entre / entre / écoliers avec l'instituteur / euh / où on disait les remarques / les propositions / bon dans les remarques on disait / bon / on faisait une espèce de résumé de la semaine / enfin de la journée pardon / et euh // dans les // propositions / on proposait ce que / on proposait des choses nouvelles pour avancer / que ce soit bon / pour cette journée / ou alors avoir un projet ou quelque chose d'autre que / bon / les critiques / c'était euh / qu'est-ce qui avait pas plu dans la journée / quoi enfin / des trucs comme ça // si un tel avait fait quelque chose à un autre / bon on disait "*critiqui* / machin *perque m'a fach aquò* " voilà / ce que bon / ce que les Calandrettes d'aujourd'hui ont repris avec le concept de de "*solelh nívol auratge*" / ce bon / euh ils disent comme "*solelha*" j'ai passé une bonne journée / "*nívol*" / bon moyen / et "*auratge*" alors là c'était la cata quoi / c'était cette espèce de principe d'expression franche et directe qui m'a plu la majeure partie quoi [bruit d'un camion qui coupe la conversation]
E2. *vau tancar* / je vais fermer
E1. en positif négatif / X / qui reste comme souvenir des Calandrettes / donc je vous donne une liste / vous accrochez ça / vous mettez autre chose c'est pas grave // euh / bon la vie d'écolier en Calandrette / les classes / l'ambiance / la relation maître-élève // qu'est-ce qui vous accroche positif négatif ?
Ch5. euh / classe / positif / ambiance / bon / ff // c'est entre les deux quoi qu'on peut dire / c'est l'ambiance d'une classe normale / quoi une classe comme une autre avec ses bons et / ses bons et ses mauvais côtés / bon parfois / voilà quoi
E1. il y avait des choses plus / plus mauvaises côté euh Calandrette / que dans la scolarisation que vous avez eu par la suite
Ch5. euh /// j'ai pas l'impression non / j'ai j'ai j'ai pas l'impression / bon / mis à part le / l'enseignement sportif qui est / était pas très développé et / et je pense que le / que l'enseignement / la méthode / bon le le le / la pédagogie

proposée n'est n'est pas plus mauvaise ou / pas plus mauvaise qu'une autre // et // voilà quoi

E2. *e al nivel aquí de la ligason entre lo regent e l'escolan de que me podètz dire ?*

Ch5. *al nivel de de la ligason entre regent e escolan / i a // i a quicòm de diferent // per rapòrt a / per rapòrt a / a las escòlas / a / a las escòlas / entre / normalas entre verguètas / a l'epòca ont foguère escolan era lo encara / a mon vejaire / lo rapòrt de l'estrada / es a dire lo rapòrt del principi d'autoritat / es a dire que lo profesor fa / fa son cors / et bon / l'escolan X escribon escribon escribon et / aquí / auras un bon punt / fai lo colhon eça / bon e ausi dire bon tanbè que se praticava encara dins qualquas encontradas / dins qualquas regions / lo principi del sòu / es a dire que / bon en a un que parlava patès e ben / se preniá lo sòu e a la fin a la fin de la jornada se aviá encara lo sòu se preniá una punicion / X bon aquí X / es una autra pédagogia perque es / es / es un BIAIS de de responsabilisar lo de responsabilisar l'escolan es PAS / es un primier pas cap a / a cap a / cap a la societat podèm dire cap a la societat civila / euh podi anar jusquas a dire que / bon / euh / la ligason que podiá aver // que podiá aver lo / lo lo lo regent ambe son ambe son escolan era pas una relation paternalista et que se praticava al temps ont eri escolan / bon / ara a un pauc cambiat / aquí donc començan a penas de de un pauc reformar tot aquò*

E2. *d'acordi*

E1. quel est / donc le souvenir global qui vous reste des Calandrettes ?

Ch5. c'est une expérience / c'est / je dirais une expérience humaine / une expérience / ff / bon une expérience éducative / et une / une expérience c'est positif somme toute quoi une expérience que je serais / peut-être si j'avais été dans une école conventionnelle / tout aurait été différent / je ne sais pas mais / toujours est-il que / bon / je j'en retiens d'assez bons souvenirs / bon / je pense que ça m'a été / assez bénéfique

E1. ça a eu des incidences sur ce que vous êtes / maintenant ?

Ch5. euh / euh / à quel niveau ? / les incidences ?

E1. vous auriez été dans une autre école / est-ce que vous seriez parti dans une autre direction ?

Ch5. ben / déjà je continuerais pas à faire de l'occitan à la faculté pour commencer quoi / et bon / c'est sûr / c'est une question / c'est une bête question de connaissance ou de conscience quoi / c'est c'est à chacun de voir ça / mais / bon / déjà c'est clair que bon / si j'avais pas été en Calandrette je n'aurais pas été conscient de // je n'aurais pas été conscient de l'importance que / que pouvait revêtir l'occitan / bon à part bon / notamment sa littérature / à part ce / part son prestige // de ce point de vue et / et / forcément je me serais / si j'en avais pas eu la conscience / je me serais pas enquiquiné à apprendre / à apprendre la la langue des grands-pères au collège au lycée et de nouveau à la fac / enfin disons langue des grands pères / euh / j'aurais plutôt cette pensée-là que / là quoi / et / voilà ça été une expérience en plus une expérience culturelle / la / une expérience humaine / bon / pédagogique tout ça // et / et voilà quoi / et aussi / une faculté / une faculté je pense qui / qui me vient du fait d'avoir appris à / à parler la langue d'ici / une faculté de / d'aborder les langues plus facilement quoi / c'est-à-dire d'avoir certains mécanismes qui permettent de / d'aller vers / vers les autres langues plus / beaucoup plus facilement / alors que bon / euh / les langues étrangères / comme toujours du temps où j'étais écolier je dis bien / et que maintenant / ça commence à bouger / euh la la langue / une langue étrangère on ne l'apprenait qu'à partir de la sixième quoi / et alors que maintenant toutes les écoles se mettent / toutes les écoles primaires se mettent à mettre / par exemple de l'anglais quoi //

E1. et ça vous a aidé dans quel sens de parler / bon / moi je suis linguiste c'est / évidemment des thèmes qui m'intéressent et / dans quel sens ça vous a aidé / de connaître l'occitan // si vous pouvez être plus précis ?

Ch5. oh mais / ça / ça m'a aidé bon / euh / d'un point de vue de la / c'est à dire qu'on pouvait faire des recoupements avec les autres langues dites romanes / c'est à dire le roumain / l'italien / l'espagnol et même le français / on pouvait / euh à partir euh donc à partir de l'occitan / on pouvait faire un PONT / un pont entre / je ne sais pas moi / entre l'italien et l'espagnol et cetera vu qu'il y a certains mots / certains mots qu'on retrouve / euh dans les divers parlers occitans qui sont très très proches / soit de l'italien soit de l'espagnol

E1. des langues romanes / c'est surtout dans l'ordre du vocabulaire / est-ce qu'il y a aussi des / des facilités dans l'ordre / dans la syntaxe par exemple ? // dans la

Ch5. oui parce qu'il y a la syntaxe espagnole / la grammaire bon euh / est assez proche de de de la grammaire / de la grammaire occitane / euh / notamment bon sur certaines constructions comme bon le le / je crois le "a" / le "a plus infinitif" on dit / on on le dit aussi bien pour une action simultanée en espagnol qu'en qu'en occitan / c'est un exemple bon voilà / et /// puis bon / euh niveau phonétique / je crois pas qu'il y ait de / je crois pas qu'il y ait de grandes de de grandes similarités / mais / et voilà

E1. et pour l'anglais / est-ce que ça vous a aidé ?

Ch5. pour l'anglais c'est / euh / disons c'est / ça a éveillé la curiosité / la curiosité qui qui poussait à / enfin ça m'a pas aidé au niveau technique parce que bon / l'anglais / l'anglais bon / a / a quand même quelques / quelques vestiges de latinité en lui mais / si c'est plus le sentiment de curiosité qui m'a poussé à étudier de l'anglais quoi

E1. curiosité par rapport à / à une nouvelle langue ?

Ch5. oui à une nouvelle langue qui soit pas de la famille de ma langue maternelle ou alors de de des langues de mon pays ou alors des autres langues de la Méditerranée bon / la Méditerranée on y vit tous parce que c'est et cetera / et / et étudier une langue d'origine celtique comme / comme l'anglais ou comme l'allemand ou alors une langue nordique comme les langues scandinaves / ça peut être toujours une une expérience très enrichissante / d'ailleurs en général les les meilleures études linguistiques qui aient été faites sur les langues romanes ou alors sur les langues latines ce sont des / ce sont des des romanistes / soit allemands soit scandinaves qui les ont faites

E1. et est-ce que ça vous amène / une gymnastique / ça vous a amené une gymnastique d'esprit ? peut-être plus aisée que d'autre personnes qui n'auraient pas appris euh / des langues assez tôt ?

Ch5. non je / je n'irais pas jusque là non / je me juge pas / ff je pense pas que / ça me donne une aptitude plus grande qu'un autre mais / bon / ff / ça ça m'a aidé / je dirais que ça m'a aidé ça / ça m'a pas favorisé / mais ça m'a aidé quoi

E1. mm d'accord / et l'anglais / vous considérez / bien le parler / bien / moyen / ?

Ch5. j'arrive bien à le prononcer mais / bon / je le parle pas couramment parce que / j'ai beaucoup de lacunes

E1. enfin une moyenne / par rapport à / pas par rapport aux étudiants qui sont en cours avec vous mais moyenne population française on va dire / voilà donc / vous vous situez comment ? là vous parlez assez bien l'anglais ?

Ch5. euh // ff / bon ça peut aller oui / je peux / construire des phrases / on va dire / donc que bon / bon la con / je suis pas arrivé à construire des phrases mais au niveau de la compréhension / c'est encore beaucoup de travail

E1. et il y a d'autres d'autres langues que vous parlez / ou / ou vous parlez un peu ?

Ch5. je parle un petit peu l'espagnol / je l'ai appris au lycée / l'italien / alors je le parle pas du tout et / voilà quoi / je / parle couramment l'occitan / je parle un peu l'anglais donc / et bon / un tout petit peu l'espagnol

E1. et l'espagnol vous le parliez / un peu ou assez bien / à l'époque ?

Ch5. euh un peu oui / parce que bon / c'était pas une langue qui / j'étais surtout obnubilé par l'anglais quoi / c'était pas une langue qui m'intéressait outre mesure mais / je regrette quand même / de l'avoir parce que quand j'étais au lycée je l'ai pas mal négligé quoi / et ça se regrette beaucoup malheureusement / voilà

E1. c'est pas bien grave / [rire] vous pouvez le reprendre

Ch5. ben ouais / c'est une question de temps mais / je pense que maintenant je peux plus / je suis niveau licence donc / je peux plus prendre de langue / enfin voilà

E1. et ben sur place

Ch5. oh oui sur place oui / ça ça peut se faire

E1. avec l'occitan / l'occitan et le français ça devrait / aller

Ch5. mm ouais / à la limite en Catalogne peut-être mais / après euh en

Castille / en Andalusie je sais pas si / parce que bon les paysans andalous / pour les comprendre c'est /
E1. c'est sûr c'est plus difficille [rire]
E2. // est-ce que vous vous souvenez de votre premier contact avec l'école primaire publique / pardon / en entrant au collège ?
Ch5. public ?
E2. oui
Ch5. euh // je me souviens déjà de / de bon / de certaines difficultés / certaines difficultés administratives / bon / qui j'en ai pas connues moi même / mais que c'est / que ma directrice a connues / ben c'est elle qui s'occupait de mon dossier / étant donné que / la plupart des élèves des Calandrettes partaient / à Béziers euh / au collège Paul Riquet / seulement ce qu'il faut savoir / c'est que à ce moment-là le collège Paul Riquet en général bon c' était / c'était // comment dire / disons le collège Henri IV c'était vraiment la la quintessence des lycées de Béziers / avec le Lycée Jean Moulin quoi / et / en fait / bon / mon dossier a failli partir à Paul Riquet / et donc ma / donc mon instit a bataillé / ma directrice Rf1 / à l'époque / avant qu'elle reprenne le centre *Aprene* et bon elle était / elle était directrice de l'école de Béziers / elle a bataillé ferme bon / pour que je / pour que mon dossier parvienne à Henri IV / ce qui n'a pas été facile / et / elle a dû s'accrocher / je la remercie d'ailleurs / mais / déjà quoi il y a eu une / déjà on sentait bien une / une envie de de mise de côté quoi / déjà // d'autre part quand je suis arrivé / donc au lycée collège Henri IV / j'ai fait les deux / euh / d'entrée / avec tous mes camarades de Calandrette / on était / on était tous dans la même classe / à savoir une des classe les plus faibles // et ouais / parce qu'ils se disaient automatiquement qu'étant donné qu'on a qu'on avait une pédagogie différente une autre manière de / euh une autre manière de / de de d'être d'être éduqués entre guillemets qui soit pas pareil que / la manière conventionnelle / ils considéraient que ça pouvait créer pour nous de certaines difficultés donc / ils nous ont mis avec / dans une classe assez faible / et je me souviens / il y avait euh un collègue à nous / un collègue à nous qui prenait carrément de cours d'alphabétisation / ça veut dire comme ils nous considéraient quoi / et / euh et puis au bout du compte bon on a / on a réussi à tous à s'émanciper / d'une certaine manière / démontrer que / que NON on était pas aussi nuls que tout le monde voulait le croire / du coup / pas plus tard que l'année suivante on était / déplacés vers des classes entre guillemets un peu meilleures quoi / voilà / ça c'était un premier accueil et puis bon // comme comment dire bon / forcément l'ambiance était pas la même / quoi / euh / ff / l'espèce de / de / ff // je dirais que je qualifierais une espèce d'esprit succursaliste / c'est-à-dire / bon // ff / je sais pas / on reçoit les matières comme si on / prenait dans un rayon / comme ça / et puis bon / n'importe quel écolier vous dira bon ça fait bizarre un seul instit puis euh quinze profs / d'un seul coup ça fait / voilà / mis à part les sensations que je vous ai dites avant /

bon il y a eu / les sensations normales / d'un élève / d'un nouvel élève de sixième quoi
E2. et l'attitude des professeurs justement / en sachant que vous veniez de Calandrette ?
Ch5. les professeurs que j'ai eus n'ont pas eu d'attitude de rejet non / pas du tout / XX comme / des gens normaux quoi et / voilà c'est tout / ben des fois disons / ils ont considéré bon euh / ils nous ont considérés comme des élèves normaux quoi bon au moins / sur ce point là / on a pas / eu / à leur reprocher / euh c'est juste / au niveau sportif / on galérait tous / bon mais c'est tout [rire]
E1. et les autres / les autres élèves ?
Ch5. les autres élèves ? comment ils réagissaient ?
E1. des Calandrettes / voilà comment réagissaient-ils ?
Ch5. bon ils avaient pas de véritables réactions parce que / bon ils connaissaient pas trop déjà / ils avaient entendu parler / mais ils savaient pas vraiment en quoi ça consistait / donc bon ils avaient aucune réaction particulière ni bonne ni mauvaise / quoi et c'était / bon "ils viennent des Calandrettes" et voilà ouais / X
E1. et est-ce que vous vous aviez des difficultés particulières / en français / au début ?
Ch5. NON / non / je ne pense pas non / j'ai / j'ai toujours eu d'assez / d'excellentes notes en dictée / je n'ai jamais eu / je je faisais très très peu de fautes d'orthographe contrairement à la plupart de mes camarades / enfin / enfin mes camarades de / enfin mes camarades de / de Calandrettes comme moi / en général bon / quand on sortait bon on savait lire et écrire quoi / et / on se débrouillait en français correctement quoi / puisqu'on avait des cours des cours de français de grammaire / conventionnelle quoi
E1. parce que certains nous ont dit que bon / certains sans problème / mais certains ont dit qu'au début ils avaient du mal / en particulier sur tout ce qui était orthographe / puis qu'au bout d'une année / ça s'était / ça s'était un petit peu X / voilà donc il y a les deux / il y a les deux / deux cas de figure / dans les gens qu'on a vus /
Ch5. ff / mais ma foi ça dépend pas des Calandrettes / ça dépend des individus quoi
E1. oui / des personnalités / oui / vous c'est bon
Ch5. oui moi ça allait
E2. *e a la cort de la Calandrette de Besièrs / vous rappelatz si los escolans parlavan / francés o occitan dins la cort de recreança ?*
Ch5. *dins la cort de recreacion ?*
E2 . mm
Ch5. *ben / oc / ff / ben oc / n'arrivi pas ben aquela aquesta situacion en particular / mes a nostra epoca / bon la diglosia completament al revèrs /* euh */ es a dire que / bon // al trabalh parlàvem occitan / levat en cors de francés / bon dins la cort ben entre nosautres / parlàvem / parlàvem francés e nos*

fasiam engular en occitan que bon / nous adressàvem totjorn à Rh en / en occitan / totjorn / era / la lenga del mestre // es per aquò que / que fa un pauc sorire
E1. l'occitan vous l'avez continué au collège / collège lycée ?
Ch5. mm / euh
E1. ou après à l'université uniquement ?
Ch5. non je l'ai poursuivi pendant dans tout le le collège / je l'ai poursuivi au lycée aussi / je l'ai / je l'ai eu comme option facultative au bac / et / voilà / euh là je suis / la j'ai poursuivi à la fac là / j'ai eu / j'ai eu mon deug et je suis en licence
E1. et vous parlez occitan avec qui ?
Ch5. euh // maintenant ?
E1. oui
Ch5. maintenant // ben avec mes camarades / avec qui je suis en cours là // on parle / on parle occitan entre nous / souvent / ben / même très souvent / ff ce qui / c'est kif kif entre le le français et l'occitan / c'est cinquante cinquante / bon souvent / bon / euh // souvent bon je pense que souvent la génération d'avant nous bon / celle du Larzac et consort / je pense qu'ils ne / notre / notre professeur Madame V nous expliquait que / entre eux ils ne parlaient pas occitan / parce qu'ils avaient ENCORE le sentiment de *vergonha* / c'est à dire un / le sentiment de honte quoi // mais / eux ça leur fait plaisir de voir que nous entre nous on parle occitan quoi /
E1. et quand vous parlez / kif kif français / français / occitan ou comme comme la plupart des bilingues quand ils se rencontrent / quand est-ce que vous parlez plutôt occitan et quand est-ce que vous parlez plutôt français / entre vous ?
Ch5. il y a pas de situations / particulières / bon c'est ff / chacun choisit comme il veut quoi / bon / euh //
E1. si vous parlez par exemple de / problèmes administratifs / de / de l'université / parce que vous êtes allé faire des papiers et c'est compliqué / ça sera plutôt en français / plutôt en occitan /
Ch5. je pense qu'il n'y a pas de domaines particuliers non / de discussion c'est // on peut le dire / souvent dans le dans le domaine linguistique où ça manque / ça manque / de lexique donc forcément ben quand on parle occitan / ben / forcément on va incruster du français dedans / ou alors on va parler français / mais / on parle indifféremment occitan ou français à n'importe quel sujet / et souvent bon / quand on plaisante / quant on se marre c'est / là c'est clair là on parle occitan // ou alors quand on parle de littérature ou / de trucs comme ça
E1. mais le français vous arrivez pas à voir s'il y à des domaines où ça va être plutôt du français / donc X où il manque le vocabulaire occitan / est-ce qu'il y a d'autres / moments où vous parlez plutôt français / vos arrivez pas à //

Ch5. // je pense pas qu'il y a des / qu'il y a des moments particulier ou des moments privilégiés / quoi c'est / je vous le disait / c'est cinquante cinquante quoi / voilà
E2. pour l'utilisation de l'occitan aujourd'hui / est que vous êtes amené / bon / à dire / évidemment / à être en contact avec la culture occitane
Ch5. oui / on se / en licence nous faisons donc un enseignement de spécialité qui se compose de bon / comment dire / en trois grands volets / à savoir / bon / linguistique / euh / histoire / his / histoire et histoire littéraire / et puis bon / littérature tout court / et aussi bon / du du côté de la linguistique nous faisons de la linguistique pure / bon c'est à dire / euh / en faisant bon des principes de phonétique avec euh bon la transcription dans A. P. I. tout ça grammaire générative de Chomski et cetera / euh / nous faisons aussi de la dialectologie / nous faisons euh pour ce qui est de la la littérature nous faisons de la littérature moderne et médiévale / bon en littérature médiévale on travaille actuellement sur le roman de Jaufré
E1. c'est avec qui ?
Ch5. c'est avec Madame G / et / roman du / XIIIe siècle si je me trompe pas / j'arrive pas à me rappeler
E1. et la dialectologie vous faites ça avec qui ?
Ch5. avec Monsieur P / voilà
E1. et vous avez / travaillez avec Monsieur Lafont ?
Ch5. ah non / Monsieur Lafont on est venus trop tard pour qu'il soit / pour qu'il soit chargé de cours avec nous donc
E1. mais vous avez quelqu'un qui vous / qui vous enseigne un petit peu ce / ce qu'il a fait
Ch5. oui parce que / oui oui / parce que / les cours sur la littérature baroque que nous faisions en / littérature moderne et en première et deuxième année sont basés sur une / une anthologie qui a été pondue par Lafont dans les années soixante-dix / euh en suivant ce / les thèmes et les concepts qu'il a développés donc
E1. en littérature
Ch5. en littérature et bon euh aussi en sociolinguistique enfin / voilà quoi / euh la présence de Robert Lafont est encore très très marquée / il n'y a pas de souci pour ça eh
E1. mais sur le côté littérature pas linguistique
Ch5. si parce que / euh / en linguistique on nous a / euh Monsieur V / mon professeur nous a conseillé de nous conseillé notamment la lecture d'un livre qui s'appelle "La phrase occitane" de Robert Lafont je sais plus de quand il date quoi mais euh enfin voilà
E1. mm
Ch5. et / qu'est-ce qu'on fait d'autre ? ben euh voilà je crois que / c'est bon et puis bon des cours de de traduction des / des cours de pratique de la langue / ben à savoir dans quel domaine enfin à partir de la langue on peur recouper

avec la sociolinguistique / euh savoir le / si on peut / euh incruster l'occitan dans de domaines où jusqu'à présent il était euh / banni on peut dire ça comme ça [rire] et euh notamment bon le / domaine scientifique et il y a le domaine juridique / et là j'y suis en train de travailler / et / et voilà
E2. est-ce que vous vous intéressez au théâtre occitan ?
Ch5. théâtre occitan de //
E2. actuel
Ch5. actuel ? / ben oui / j'ai de / j'ai eu des contacts avec les les comédiens du Théâtre de la Rampe / le T. I. O. / déjà / j'ai déjà / travaillé sur un auteur / c'est Léon Cordes / que vous devez connaître / je pense / [rire] et j'ai déjà travaillé aussi sur / sur le théâtre de Béziers au XVIIe quoi donc / on a d'assez bon contacts au niveau / euh du théâtre / occitan
E1. et d'autres / il y a d'autres groupes musicaux que vous allez voir ?
Ch5. par / ben il y a / bon il y a de il y a *Massilia Sound System* / qui est le plus licité / bon il y a *Fabulous Trobadors* qui / qui étaient en concert récemment avec nous à l'Antirouille à Montpellier / et / euh je crois que / il y a aussi *Nux Vomica* / c'est un groupe de Nice qui est produit par par Micmac / Micmac une association qui / fait tourner pas mal de groupes euh à Marseille précisément à la Plaine / et euh et voilà tout ce que je peux vous citer pour l'instant / ah oui ah oui il y a aussi *Gacha empegue* qui est qui est maintenant c'est scindé qui est avec un groupe d'algériens et s'appelle X / enfin je vous ai cité les principaux quoi /
E1. c'est de groupes que vous allez voir ?
Ch5. quand on a l'occasion oui / quand on a l'occasion on rate pas / bon il y a eu *Massilia* au Rockstore il y a pas longtemps / ff il y quand même deux trois mois de ça / et bon les *Fabulous* bon chaque fois qu'ils sont en concert je les rate pas moyenne générale
E1. oui vous connaissez par exemple il y a un autre groupe aussi euh avec Isabelle François
Ch5. il y a *Mescladissa* / euh / oui enfin je l'ai vu en concert puisqu'on faisait la / bon on faisait la première partie à la Féria de Béziers /
E1. bon vous connaissez bien je veux dire tous les /
Ch5. oui on connaît enfin oui on connaît on a eu déjà des des contacts avec eux oui
E1. et le musical contemporain je veux dire occitan parce qu'il y a aussi / pour certains quand on leur parle de musique occitane ils nous parlent de musique traditionnelle / pour des jeunes de votre âge et qui sont passés en Calandrette / voilà mais ils connaisent PEU la musique euh X contemporaine / occitane / bon c'est vrai que les *Fabulous* / voilà donc vous voilà / vous êtes plutôt euh / intéressé par la musique contemporaine occcitane
Ch5. moi je pense qu'il faut / non non non je suis intéressé bon *Gacha Empega* c'est du traditionnel il faut / je pense qu'il faut / s'intéresser aux / aux deux aspects de la / de la musique occitane / bon le traditionnel on peut pas

s'en détacher quoi c'est là et/
E1. c'est un élément mais vous connaissez aussi l'autre
Ch5 oui / on peut lui / on peut lui donner un aspect contemporain / c'est ce qu' a fait euh *Massilia* dans son dernier album quoi
E1. d'accord /
E2. si je vous dis le mot occitan / aujourd'hui / qu'est-ce que ça veut dire pour vous ?
Ch5. [il siffle] / euh / occitan occitan / bon ff / ben / langue et culture quoi / langue culture et ouverture / c'était le / c'était le slogan que / qu'on employait bon / aux élections administratives à la fac l'an dernier quoi / je pense que c'est la chose qui correspond bien à la langue occitane en général / c'est simple bon le // euh / il y a / plusieurs / plusieurs civilisations / qui appliquent le droit de terre ou leur droit de sang / donc c'est le droit par la terre ou par le sang / c'est le droit par la langue / c'est simple bon si tu veux parler occitan et paf tu es occitan bon c'est / parler occitan c'est un choix / c'est / c'est une manière de / c'est une manière différente de voir les choses / étant donné que bon le / l'Occitanie là où elle est placée c'est un / c'est un carrefour / bon ça personne / ça personne ne le contredira / et puis bon tout le monde le sait déjà de / de belle date quoi / et // je pense que bon / le // ces trois mots peuvent très bien résumer l'occitan
E1. et vous / par exemple / vos / vos parents / vos grands parents parlaient occitan ?
Ch5. euh / du côté de ma mère ça serait difficile / vu que c'est surtout des italiens / des italiens du nord
E1. et eux ils parlent italien par contre ?
Ch5. ma grand mère / oui / parle italien avec ses sœurs / bon qui / avec ses sœurs qui son installées un peu par tout / et / par contre elle va souvent à / quand ils partent / quand mes grands parents partent en vacances en Italie / ils vont souvent à Cuneo dans les *Valadas* italiennes / où ça se parle occitan quoi /
E1. donc ils parlent occitan / l'occitan d'Italie /
Ch5. non ils le parlent pas non
E1. mais ils vont là bas
Ch5. ils vont là bas et ils le comprennent facilement quoi / et bon on se voit à l'entrée des villes vous voyez marqué euh / bon euh "*aici se parla occitan*"/ enfin bon à leur manière quoi
E1. et votre / et donc vous vous avez entendu parler l'italien quand même?
Ch5. oui je l'entends souvent parler quand je vais chez ma / je connais je sais barguigner quelques phrases c'est / voilà / mais euh mais / du côté de mon père / oui / on parlait le / on parlait le / on parlait l'occitan / de manière beaucoup plus orale / beaucoup plus dialectale quoi c'est-à-dire X tout juste
E1. lui il est de de / de Béziers / originaire de Béziers ?

Ch5. euh / du côté / mon père non / il est originaire de Coursan / Coursan dans le dans l'Aude donc / forcément / voilà
E1. bien implanté euh mm mm
Ch5. ma grand-mère vit / ma grand-mère vit actuellement à Béziers / et de temps à autre ben / LÂCHE une phrase en occitan quoi / de temps à autre / et / ff / ce qui est frustrant c'est que bon / c'est juste une phrase et encore une phrase / de manière très épisodique / et encore quand moi j'essaie de lui parler elle me comprend pas /
E1. elle comprend pas ou ça la gêne ? / c'est la différence de dialecte ou c'est ou c'est que ça la gêne que
Ch5. c'est à dire que j'emploie un vocabulaire qui / c'est un vocabulaire moderne quoi / qui a qui a qui peut lui paraître artificiel / étant donné que bon euh chaque fois elle me dit ça "non je comprends pas ce que ça veut dire" / "moi je dis comme ça" / machin / "toi tu as" "c'est une langue de savants" et bon euh / en général tous les vieux ils me ils me disent ça quoi / parce qu'il y a / y a un trou / entre la / la jeunesse occitanophone aujourd'hui et / la génération traumatisée avant quoi / mais / c'est sûr que bon / c'est sûr que bon quand on vous a expliqué qu'il fallait pas parler patois sinon / voilà on arrive on arriverait à rien dans la vie / c'est sûr que ça fait bizarre / je ne sais pas combien de / je ne sais pas combien d'années après de voir ses petits enfants comme / commencer / recommencer à parler occitan
E1. et c'est ça leur a fait plaisir // à vos parents grands parents que vous y soyez ou
Ch5. sans plus / on dirait sans plus / ma grand-mère aussi qui bon il qui parle qui parle un peu occitan quoi qui est à l'origine de l'Ariège d'ailleurs ou de l'Ardèche je sais plus euh / ff / euh // et puis je ne sais pas enfin /
E1. pas manifestement
Ch5. je me rappelle d'une fois à Béziers / vous savez / je parlais / je parlais un peu occitan comme ça bon / bon je disais lâchais une phrase ou deux bon *terra maseta* ou une chose comme ça tiens j'ai dit X / depuis un moment elle fait comme ça / "mais il parle patois lui" [il imite la voix étonnée de sa grand-mère] comme ça elle fait / "et oui on l'apprend à l'université même" / donc bon / ça veut dire / que malgré tout elle n'a pas une idée très positive de / de // de la *lenga nostra* quoi /
E1. et votre père ?
Ch5. mon père oui / mon père oui / ça m'arrive de parler occitan avec lui / quoi de temps à autre / même j'apprends quelques mots / j'apprends quelques expressions idiomatiques / et / ma foi ça a l'air de l'intéresser
E1. et ça lui a fait plaisir que vous appreniez l'occitan ?
Ch5. OUI / ça lui a fait / oui ça lui fait plaisir quoi de / bon
E1. c'est sympa
Ch5. c'est sympa oui / je peux lui a / il y a certain trucs que je peux lui apprendre / quoi bon sur la / sur le / les indicateurs toponymiques ou des

trucs comme ça / ou alors / quand on s'interroge / quand on s'interroge comment tu dis ça / moi je dis comme ça voilà de choses comme ça quoi
E1. et le fait que ce soit la langue de / bon pour certains ça fait ça / pour d'autres pas du tout / que ce soit la langue de / grands parents / des générations avant des fois ça fait plaisir aux parents aux arrières grands parents / donc chez vous ça a pas //
Ch5. euh / ff / disons que bon me / ma mère ça lui a fait plaisir / vu que c'est elle qui m'a mis à / c'est elle qui m'a mis en école Calandrette / puis qu'elle était / amie de Rf1 euh Rf1 / euh / euh / ma fois bon / je pense qu'elle s'est pas trompée quoi / et puis bon / bon mes / frères bon / mon frère bon je lui apprenais quelques mots d'occitan à la maison / par la suite / il a pris l'occitan au bac / et puis il a eu une bonne note / et puis voilà /
E1. et lui / lui a passé la scolarité Calandrette ?
Ch5. mon frère non / ben au moment où il était écolier ça n'existait pas
E1. il était trop grand déjà
Ch5. mm mm d'accord
Ch5. ben de 71 donc vous faites le compte quoi c'est / c'est un peu juste
E1. et votre maman vous a mis à l'école Calandrette pour / euh plutôt pour la pédagogie / plutôt pour l'occitan / ou plutôt parce qu'elle connaissait les gens qui travaillaient là et ça l'intéressait ?
Ch5. euh / ff / c'est / euh / je dirais que c'est un peu les trois / en fait / un peu les trois / étant donné que / elle même maintenant / après avoir pratiqué pendant longtemps la pédagogie classique applique la pédagogie Freinet / dans son école de l'enseignement catholique / voilà [rires] euh / oui / enfin la pédagogie la séduisait pas mal quoi / la pédagogie Freinet // bon apprendre l'occitan aussi / elle a considéré ça comme essentiel / et donc comme je vous l'ai dit elle était amie avec Rf1 oui et que
E1. donc ça fait un mélange / mais l'occitan / parce qu'elle en fait c'est la // c'est la / c'est la branche de la famille qui est pas / qui est pas occitane / c'est pas / c'est italienne votre maman
Ch5. oui
E1. et donc la / l'occitan ça l'intéressait pourquoi ?
Ch5. je ne sais pas / je ne sais pas vraiment / ben peut-être par //
E1. elle s'intéresse toujours ?
Ch5. oui / ben / soit elle me répète que quand elle se mettra à la retraite elle l'apprendra / parce qu'à Béziers il y a une Université du tiers temps qui est / je crois qui donne des cours en occitan / cours d'occitan / je sais pas si c'est / voilà / je sais pas comment c'est fichu / mais / elle m'a dit que // concrètement dès qu'elle arrête de bosser ben / qu 'elle s'y mettait quoi
E2. est-ce que vous pouvez nous citer de / de bonnes raisons pour apprendre l'occitan aujourd'hui ?
Ch5. euh /
E2. à des gens qui viendraient aller vers cette langue là et /

Ch5. ben / ff / conserver une / conserver une culture qui // qui est proprement d'ici pour / ne pas oublier qui on est / et pour ceux qui sont du coin et découvert / découverte d'autres choses pour ceux qui sont pas d'ici / d'ailleurs bon c'est souvent le deuxième cas / le deuxième cas qui se produit / qui alimente entre guillemets les effectifs des / des cours d'occitan / euh / ff / que dirais- je d'autre / ben / susciter la curiosité / susciter le / l'envie de découvrir aussi d'autres cultures / d'autres cultures minoritaires entre guillemets / qui sortent un petit peu de / découvrir aussi des choses qui / savoir aller vers les choses qui sortent un peu de des sentiers battus quoi et / c'est une bonne chose euh /// avoir une / comment dire une espèce de / de de vision alternative des choses quoi / voilà

E1. alternative ça veut dire ?

Ch5. euh // je dirais ben / comme en termes de musique / c'est à dire une // une / en musique y a deux mondes quoi / il y a deux mondes il y a la scène alternative / comme on dit / ben / je fais souvent cette comparaison / il y a la scène alternative d'un côté / des petits groupes indépendants / des / ff / des groupes qui ne sont pas forcément connus / mais qui ont une certaine renommée la où ils sont / qui bon / ont une scène beaucoup plus ouverte / et qui font / qui qui qui font venir du monde malgré tout quoi / malgré le fait que ce soit des petits groupes / qui ce soit pas de / de grosses productions / et / ils ont quand même un public / et un public qui a certaines demandes quoi / et comme puis de l'autre côté bon / il y a / les grosses productions / machin / qu'on entend quinze fois par jour à la radio et /

E1. le Zénith ?

Ch5. le Zénith par exemple oui Odyseum ou je sais pas encore [rire] / et / ce sont des grosses productions bon / vous avez / vous avez l'entrée à 150 balles l'entrée / donc vous CONSOMmez de la musique / d'une certaine manière // et donc bon voilà / les moyens y sont et bon / ff / vous êtes / vous êtes juste le porte-monnaie qui vient apporter l'argent // tandis que là il y a plus plus de considération pour le public // j'ai l'impression que ça / que ce côté là qui que je vous disais bon / ça peut se ça peut aussi s'appliquer à / à la culture en général et / aux relations / aux relations humaines aussi

E1. plus dans l'occitan ?

Ch5. pas forcément dans l'occitan / ça peut se retrouver aussi / ça peut se retrouver aussi partout ailleurs / et de n'importe quelle manière / c'est pas forcément / même pas forcément dans une langue particulière

E1. mais ça se / vous le trouvez dans l'occitan

Ch5. je le trouve dans l'occitan

E1. et quand vous parliez de de la culture et de se découvrir euh de découvrir qui on est / vous avez dit "ça permet de découvrir aussi qui on est" est-ce que c'est un petit peu le / est-ce que c'est / un peu le cheminement que vous avez suivi / c'est-à-dire / est-ce que l'occitan vous a permis de vous découvrir un petit peu ?

Ch5. euh / ff / découvrir culturellement vous voulez dire ?
E1. je sais pas / vous / une partie de vous / est-ce qu'il y a une partie de vous qui se sent plus occitane ?
Ch5. pas vraiment parce que / bon / le le / ff / sentiment d'appartenance occitan bon / bon on dira ce qu'on voudra mais ça n'a rien à voir avec un sentiment d'appartenance ethnique ou nationale quoi
E1. mais est-ce que vous avez un sentiment d'appartenance / occitan par exemple ?
Ch5. je dirais / j'ai un sentiment d'appartenance à la CULTURE occitane / je n'ai / non enfin / à la base moi je suis Français quoi / je je suis Français et je suis content de l'être / mais euh / je sais aussi que je suis de culture occitane // et ça je le revendique / je le revendique
E1. on peut être Français et Occitan ?
Ch5. oui / c'est tout à fait / c'est tout à fait comment / c'est tout à / euh comment di / c'est tout à fait / euh // compatible / voilà / compatible
E1. et vous vous sentez Français et Occitan ?
Ch5. mm je me sens autant citoyen français que / citoyen français que / enfin je me sens je suis citoyen français de culture OCcitane / voilà / parce je l'ai apprise et que je / je la revendique
E1. et / vous avez parlé tout à l'heure aussi de donc dans le le "pourquoi l'occitan" bon peut-être pour d'autres gens vous avez dit "découverte de des minorités" / "des groupes minoritaires" / donc est-ce que ce ce sentiment d'appartenance à de à un groupe minoritaire / est-ce que c'est quelque chose plutôt qui est / qui est plutôt positif / qui est plutôt négatif / qui est plutôt douloureux ou qui est plutôt agréable ?
Ch5. ça dépend / ça dépend des fois parce que // le fait d'appartenir à un groupe minoritaire / ça peut être agréable dans le sens où on sait qu'on n'est pas les seuls / bon notre cas peut peut s'appliquer / notre cas peut s'appliquer à plusieurs autres / plusieurs autres / groupes de ce style / bon / je veux dire
E1. d'autres minorités ?
Ch5. d'autres minorités / je veux dire / les / les Indiens du Chiapas au Mexique ils ont / ils ont exactement les mêmes problèmes que nous / c'est c'est le même problème / bon de // une force dominante qui essaie d'écraser le dominé quoi / euh // après bon le / ff / le côté négatif qui / qui peut y avoir dans / le fait d'être dans un groupe / minoritaire / c'est / euh / cet / cette espèce d'aspect qui qui me qui me désole souvent c'est le fait de toujours se retrouver souvent avec les mêmes personnes / de toujours revoir souvent les mêmes têtes / parce qu'une chose que j'ai souvent remarquée / et / et aussi le / ce que / comme côté négatif qu'on peut dégager c'est aussi les DÉRIVES que ça peut prendre / parce que bon les dérives il y a en toujours dans n'importe quel système de pensée humaine / il y a toujours des extrêmes que que que l'on peut atteindre beaucoup plus facilement que / que la modération quoi / bon / je veux parler bon / ça n'engage que moi / je veux parler des des

des autonomistes / des NAtionalistes / des gens qui veulent une NATION occitane / alors que tout le monde sait que HISTORIQUE / historiquement et culturellement ce n'est / c'est quelque chose qui n'a jamais existé / ou alors qui a existé pendant / deux mois / je crois / avec le roi Pierre d'Aragon / au Moyen-Âge enfin / c'est vous dire / donc // donc voilà c'est / ce genre de dérives ça a souvent lieu quoi et / et bon / on l'a vu / on l'a vu avec / avec l'E. T. A. / on l'a vu avec le F. L. N. C. / on l'a vu avec l'A. R. B. beaucoup plus récemment / euh / ff / voilà quoi //

E1. // est-ce que c'est difficile à vivre au quotidien ?

Ch5. euh / ben disons que maintenant le / je pense que / ff / au niveau des cultures la tolérance est un peu plus grande quand même quoi / euh / ff / mais l y a encore des gens pour penser que nous sommes d'obscurs maurrassiens ou d'obscurs fascistes / ou que sais-je encore / bon / j'en veux pour preuve un article acerbe paru dans Charlie Hebdo il y a / il a deux ans par rapport à la Charte des langues minoritaires / qui ne nous voyait encore que comme des / des / de foutus régionalistes qui restent dans leur coin et / qui sont fermés / à tout autre chose / alors que c'est bien / bien entendu le contraire / je sais pas à qui ils ont eu affaire / bon bref // X mais / souvent quand on souvent quand on / se promène dans la rue en manifestant avec le drapeau occitan / je j'ai j'ai quand même une certaine / j'ai un peu quand même les tripes qui se serrent quoi / parce que j'ai toujours l'impression qu'on est mal vus / qu'on a toujours la / qu'on a toujours l'impression en se promenant avec le drapeau occitan dans la rue qu'on est considérés comme des nationalistes justement ou de ce genre de / minorité dans la minorité qui discrédite le reste quoi qui est beaucoup plus modéré et qui a une une avance beaucoup euh / beaucoup plus ouverte et beaucoup plus euh / réformatrice entre guillemets quoi / c'est à dire bon d'aller au fur et à mesure / euh / voilà quoi / je me rappelle bon on était / une fois on avait on a protesté parce que bon / il y avait une / une publicité de / Mac Donalds / c'était je crois pour des hamburgers qui s'appelaient X / enfin des trucs comme ça / et déjà bon le nom // déjà le nom / en eux-mêmes les produits n'étaient pas très / valorisants et en fait ce qui nous a le plus / ce qui nous a le plus gonflés ben c'était / c'était la pub en elle même quoi / c'est à dire la caricature mais alors / du plus BAS étage quoi / c'est à dire des PÉPÉS en ringuette / en ringuette avec leur canne sur / un banc au soleil quoi / "tiens ça faisait longtemps qu'on n'était pas allés à Marseille oh ouais manger" [prononciation avec le cliché phonétique caractéristique du Provençal] voilà pour quoi on passe quoi / c'est juste le / la vision que tout le monde veut bien se donner quoi / ça ça nous a gonflés quoi / et donc on a / on a distribué un / des prospectus bon / bon disant bon à quel point bon c'était c'était l'agence de pub qui avait fait ça était MÉprisante / était absolument / était condescendante avec les gens du Midi / et alimentait le stéréotype / qui a même pas besoin de / d'être plus alimenté que ça / et / donc voilà quoi / et / il y avait / aussi en même temps des lycéens qui manifestaient bon par rapport à / pour avoir plus de moyens pour leur bahut / je crois c'étaient des lycéens de de Jean Mermoz / qui nous ont traités d'intégristes // voilà / et / ça je dois avouer que / C'EST BLESSANT quoi / ça c'est très très blessant / et / voilà ça reste // oui voilà le le sort qui nous est souvent réservé /// c'est / enfin jamais très agréable quoi mais bon // souvent bon euh ff / euh souvent ben on nous dit / on nous dit souvent / "OUAIS c'est bien les Occitans vous êtes rigolos quoi machin et cetera" / bon mon père me dit "ouais continuez à être les Occitans rigolos de carnaval" et moi je dis "ouais tu as raison" enfin / euh / il y a souvent des manifestations on / auxquelles on a participé / on nous a dit / "les Occitans je vois pas ce qu'ils font là" / ou des trucs comme ça et / on nous dit toujours LES Occitans / c'est ça qui est dingue quoi / euh / les gens sont d'ICI souvent / mais les gens ils sont nés là / ils ont grandi dans ces quartiers-là et tout et ils nous disent LES Occitans / mais ils se considèrent pas de ça / et bon / le fait d'être mis à l'écart / comme le fait de se faire traiter d'intégriste c'est quelque chose d'assez euh / d'assez blessant / quoi //

E2. qu'est-ce que vous pensez des gens qui continuent / d'appeler l'occitan / patois ?

Ch5. // c'est / euh / c'est une façon de voir les choses quoi // que les / bon que la génération d'avant bon les grands parents appellent encore l'occitan patois je veux bien le comprendre / étant donné que bon c'est une idée l'idée que l'on a voulu leur incruster dans la tête // ff / mais bon que des / que des gens / euh je sais pas qui ont la trentaine ou alors qui ont notre âge ou alors qui sont plus jeunes / disent "ouais c'est du PAtois c'est la la langue des vieux" ça ça c'est un peu plus alarmant quand même // euh / ff / quand je vois des étudiants qui passent dans le couloir et qui ne connaissent même pas / qui disent / "ouais / t'as vu il y a des cours de PAtois et tout / à quoi ça sert" bon / voilà quoi / c'est vrai que c'est un peu énervant sur les bords / mais à la limite bon les les gens qui disent PAtois / bon / c'est comme je l'ai dit / c'est c'est un peu énervant sur les bords / mais / quand on fait un petit effort de compréhension bon ça / ça passe très bien / parce que c'est / euh / c'est pas c'est pas par méchanceté / c'est plus par ignorance qu'autre chose / quoi ///

E2. [à E1] est-ce que c'est bon ?

E1. [à E2] oui pour le questionnaire oui

[silence]

E1. ouais / c'est pas facile d'être Occitan quand même euh ? apparemment pour vous / c'est quelque chose que /

Ch5. pas forcément d'être Occitan / c'est pas facile de / c'est pas facile de militer en fait / pour quelque chose / parce que bon en ce moment ff / pour donner cet exemple là mais / on est en grève à la fac et bon / parce qu'un militant c'est assez mal vu / et voilà si / c'est vu comme des agitateurs ou un truc comme ça bon / enfin une vision assez conservatrice / bon enfin / et donc bon / c'est bon le fait que dans les manifestations on soit jamais plus de cinq

cents quoi / pour la crédibilité ce n'est pas beaucoup / c'est / souvent frustrant
E1. et vos parents étaient / sont des militants ?
Ch5. mes parents étaient soixante-huitards / quand ils étaient jeunes étaient / mais bon / mon père bon / ne l'est plus du tout [rire] n'est plus du tout militant / et ma mère bon / vote à gauche par fidélité maintenant et que bon / c'est / enfin voilà / elle n'est plus militante quoi / à l'époque elle / elle a poursuivi dans une association contre la délinquance / à l'époque / elle a arrêté donc / mais elle est restée militante quand même dans l'âme donc quelque part /
E1. d'accord
E2. et par rapport à vos / par rapport à vos souvenirs euh d'écolier à la Calandrette / est-ce que vous vous souvenez des sorties scolaires ?
Ch5. sorties scolaires des des classes ouvertes ou des trucs comme ça ?
E2. ouais
Ch5. ff oh là là là là euh / je me rappelle / allez-y on va y arriver euh [rire] // je me rappelle d'une sortie en Bretagne qui avait été assez mémorable quoi / on était restés une semaine quoi / X on avait visité plein de trucs quoi / après en Bretagne je crois qu'on est retournés en 88 / euh je sais pas si ça se fait encore mais c'était euh / une rencontre sportive / euh des écoliers en langue minoritaire / un truc comme ça / donc il y a eu de tout il y avait des Frisons il y a eu des Ecossais enfin des Ecossais qui parlaient le gaël / il y avait des Irlandais / il y avait des Occitans Catalans X / et voilà quoi c'était bien
E1. il y a personne qui nous a raconté le la sortie en Bretagne
E2. non ça on a pas eu
Ch5. ça et qu'est-ce qu'il y avait d'autre ? il y a eu un X à Barcelone / pendant une semaine / ff
E1. et c'était bien ça / ça a marqué les esprits
Ch5. mm mm oh c'est chouette //
E1. c'est bon ?
E2. mm mm

Ch6

L'entretien se déroule au domicile des parents de l'enquêté dans une atmosphère détendue. Le début est consacré à remplir la fiche d'identification.

E2. lorsque vous avez quitté la Calandrette de Béziers après le CM2 donc / quel a été votre premier contact avec l'école publique / je dirais / traditionnelle?
Ch6. euh / je suis allé au collège Paul Riquet de Béziers / ce qui était PAS fréquent pour les / les *calandrons* de / de Béziers / qui allaient très souvent au Lycée Henri IV / où il y avait / Monsieur R Monsieur M qui étaient deux euh / deux profs / je ne sais pas si vous avez / voilà/ et donc j'étais le second à arriver à Paul Riquet / il y avait eu X l'année avant moi et donc / on était vraiment // PAS connus le le / la filière était pas connue / et donc / bon / je me / singularisais un peu mais euh non sinon ça s'est très bien passé / je suis arrivé dans une classe / j'ai fait bilingue anglais allemand dès la sixième / donc on était une classe où les élèves venaient vraiment de tou / beaucoup d'écoles / beaucoup de de villages parce que c'était la seule classe à faire bilingue dans ce collège-là et donc / on était tous / personne connaissait personne et donc on était tous / et donc on appartenait pas / à un groupe mais personne / et donc je me suis très bien / bien intégré / j'ai pas eu une /
E2. par rapport à l'attitude de vos professeurs au collège / eux sachant que vous sortiez d'une école Calandrette
Ch6. oui mais je crois qu'ils ne connaissaient pas ils savaient pas / enfin ça les ils avaient pas d'a priori / ou alors je je l'ai pas / pas remarqué / parce justement ils ne connaissaient pas le / alors que j'ai su qu'à Henri IV il y avait eu de remarques sur le la provenance des élèves sur les Calandrettes / mais non il y avait pas de /
E1. vous avez dit que vous étiez un petit peu particulier tout à l'heure donc la
Ch6. oui oui oui donc quand il fallait expliquer qu'on venait justement d'une école où l'on avait appris le / l'OCCITAN / les autre élèves // TIQUAIENT parce qu'ils ne savaient pas ou alors par leurs grands parents / ils savaient PAS que ça existait c'est tout / c'est simplement pendant un moment il a fallu expliquer car / mais qu'on avait eu une scolarité normale quand même que c'était pas / voilà / que c'était pas / extravagant
E1. oui c'était surtout dans l'explication
Ch6. oui voilà
E1. niveau attitudes / donc des professeurs pas de différence et au niveau de de l'attitude des autres élèves
Ch6. / non non enfin bon / il y eu un un petit temps d'adaptation euh quant au fonctionnement du collège parce que / eux connaissaient / la notation euh / les les mouvements de classe / les / les différents professeurs alors que nous on

avait toujours eu le même professeur / la même classe qu'on était notés euh par couleurs / je sais pas si c'est / encore le cas / ouais [rire] / donc / ça il a fallu s'adapter et donc / mais non c'est tout / non vraiment / il y a pas eu d'autre réaction
E1. merci
E2. et donc par rapport à ce changement quel a été votre positionnement
Ch6. ben moi je l'ai très bien pris / bon ça m'a / moi j'étais ravi // j'étais / euh / c'était très différent mais euh / ça s'est très bien passé
E2. et par rapport à / aux matières nouvelles je dirais
Ch6. ah / il y a eu beaucoup de nouvelles effectivement euh // non ça / non j'ai pris ça comme / enfin il fallait en passer par là / et voilà j'ai /
E2. et pour les / cours de français / vous avez éprouvé des difficultés que ce soit vocabulaire grammaire
Ch6. non / non / sans vouloir être immodeste je enfin je me suis TOUJOURS bien sorti en français et / en langues même si après bon j'ai pas / non je /
E1. et en français il vous a fallu un petit temps d'adaptation?
Ch6. non j'ai pas le sentiment non non non je crois pas non non
E1. en vocabulaire /
Ch6. non / puis je lis énormément / je lisais énormément j'ai toujours euh / donc euh / le vocabulaire je l'avais
E1. mais quand vous étiez en primaire vous lisiez beaucoup en occitan et en français les deux?
Ch6. oui euh en français oui oui j'ai toujours été / entouré de livres et ouais ouais ouais / donc on a toujours beaucoup lu et / non le vocabulaire je l'avais
E1. d'accord et en occitan quand vous étiez en primaire / est-ce qu'il y avait des // vous aviez quelques difficultés en orthographe / en grammaire?
Ch6. euh non je crois pas / il faudrait / il faudrait peut-être reprendre non non non / je crois / j'étais je m'en sortais bien j'avais plus de difficultés en maths et / dans les matières / beaucoup plus scientifiques / là j'ai toujours eu de / des difficultés mais non non non / sinon c'était euh bien
E2. vous avez évoqué tout à l'heure l'apprentissage des langues
Ch6. ouais / ouais parce que bon on était / on était très sollicités à la Calandrette / on était on allait / il fallait découvrir beaucoup de langues / on a / VRAIMENT travaillé euh les langues le breton le catalan enfin on a vraiment toujours essayé de comparer l'occitan aux autres langues / et euh / et donc oui ça m'a apporté une ouverture et ça a ça a provoqué euh / l'envie de faire bilingue / en sixième je pense et puis / euh / ensuite j'ai continué euh jusqu'au bac les deux langues / et voilà / bon le niveau ensuite / j'étais bon au début et puis ensuite ça s'est nivelé mais / ouais ouais j'ai toujours été intéressé
E1. et ce choix de / d'être bilingue c'est un choix qui / qui venait de vous / il y a eu une influence un petit peu parentale?
Ch6. moi je pense qu'il y a eu une influence parentale quand même et / mais bon / elle n'était pas mauvaise quoi / enfin c'était vraiment aussi le choix de / de moi

de / d'être ouvert et de / de découvrir une nouvelle langue quoi / parce que l'allemand je n'avais pas fait du tout alors que l'anglais on avait eu euh / des cours même s'ils étaient peu nombreux et pas développés / enfin c'était un parent qui venait faire ça / une fois par semaine tous les quinze jours / c'était vraiment très / très léger mais / j'avais eu un contact / et puis on était euh allés au Pays de Galles je me souviens / on avait voyagé alors bon l'anglais euh je j'avais pratiqué mais l'allemand je pratiquais pas du tout et euh / j'ai quand même eu l'envie de de le découvrir

E1. et pourquoi l'allemand plutôt que l'espagnol par exemple?

Ch6. euh / ça c'est / probablement une volonté de rupture aussi euh / tout le monde ici parle / a fait l'espagnol / et donc bon je voulais faire l'allemand pour / pour me / me démarquer probablement et puis euh puisque bon ouais ça m'intriguait / mais / c'était il y a longtemps donc je ne peux pas / en dire beaucoup

E1. et le fait de / d'avoir parlé occitan français est-ce que vous pensez que ça vous a aidé en / dans l'apprentissage de l'anglais / dans l'apprentissage de l'allemand?

Ch6. euh / peut-être pas / ça m'aurait sûrement aidé dans l'apprentissage de l'espagnol mais dans l'apprentissage de l'allemand qui c'est quand même une langue / relativement différente non j'ai pas pas le sentiment que ça m'a aidé

E1. parce que par exemple français occitan ça oblige à faire une petite gymnastique / intellectuelle

Ch6. ouais ah ouais c'est vrai ouais

E1. alors que peut-être que cette gymnastique-là ou cette attitude de gymnastique / est-ce que ça a pu vous aider sur l'anglais sur le démarrage de l'allemand par exemple

Ch6. sur l'anglais peut-être alors / parce que l'allemand il a une structure euh / radicalement différente enfin / c'est vraiment com / enfin pas compliqué mais différent c'est tout un autre mode de / de pensée donc / alors pour l'allemand non mais pour l'anglais oui effectivement jongler avec les / les différents vocabulaires oui oui

E1. ça vous a ça ne vous a pas posé de soucis particuliers / de faire ce / cette jonglerie en anglais par exemple?

Ch6. ah non / non non non parce que je savais que non non /

E1. vous saviez ?

Ch6. que l'un était l'anglais et l'autre l'occitan enfin j'aurais pas / non mélangé / non si c'est ça à quoi vous / j'aurais pas non mélangé// non / j'aurais pas / non

E1. d'accord donc on peut dire quand même que le le fait d'être / bilingue français occitan ça vous a donné envie d'apprendre d'autres langues

Ch6. oui oui

E1. ça oui donc vous n'aviez pas d'appréhensions / particulières

Ch6. non / non non non j'étais / j'étais intéressé et puis l'apprentissage de l'allemand en sixième c'est quand même / PAS ludique mais / euh comme c'est

nouveau ils essaient d'introduire ça de manière / intéressante c'est pas euh / j'ai ensuite pris latin en quatrième et le latin m'a paru beaucoup plus euh / plus abrupt enfin le contact a été beaucoup plus rude / que l'allemand en sixième c'est plus / pas difficile mais enfin c'est vraiment euh du latin / [rires] ça veut dire ce que ça veut dire
E1. par la langue elle-même ou par l'approche pédagogique ?
Ch6. par l'approche pédagogique je pense / sinon la langue / c'est plutôt euh enfin c'est intéressant c'est amusant et puis c'est utile moi je vois maintenant euh je m'en sers euh un peu en droit on l'utilise un peu et / finalement euh / finalement c'est intéressant de voir enfin les les structures enfin les / je si j'avais su j'aurais euh persisté un peu
E2. et le / est-ce que le / quand vous avez appris le latin / le l'occitan est un petit peu ressorti pour vous aider ou /
Ch6. oh non / je / non / puis je pense que je commençais à l'oublier un peu / parce que euh il y avait eu des tentatives de continuer avec la Calandrette en sixième / Rh avait instauré des cours le soir pour les pour les anciens euh une fois par semaine ou toutes les deux semaines on se rencontrait / mais je crois que progressivement on a arrêté ce qui fait qu'il y a plus de contacts avec l'occitan et j'ai pas / pas cherché à continuer donc je pense que / au bout d'un moment j'ai progressivement euh oublié
E1. d'accord / et les difficultés que vous avez eues après en anglais ou allemand / vous les expliquez comment ?
Ch6. oh c'était / pas des difficultés c'était simplement qu'il aurait fallut euh / travailler / plus quoi c'est / euh simplement le / niveau de langue qui euh qui s'améliorait et / et bon je je suis BON encore mais / j'aurais pu probablement / approfondir beaucoup plus et / et être plus littéraire enfin être plus euh / j'ai fait une filière S et donc/ les langues sont pas les / matières les plus sollicitées / donc on a trois heures par semaine et c'est vraiment euh c'est de petites / matières par rapport aux matières fondamentales/ bon j'ai pas cherché à / approfondir // alors que si j'avais pris littéraire j'aurais vraiment euh PERsisté et j'aurais euh
E1. oui donc vous avez / progressivement un peu RÉduit les langues / mais vous n'avez pas eu de difficultés particulières en ?
Ch6. non non non non / j'ai toujours eu un bon niveau non non
E1. d'accord / bon niveau en anglais ?
Ch6. oui
E1. et en allemand ?
Ch6. et en allemand euh / un tout petit peu moins bon / ouais mais bon ouais
E1. vous pouvez discuter avec quelqu'un en allemand ?
Ch6. oui de de sujets de base / oui
E1. d'accord / et en latin ?
Ch6. et en latin non [rires]
E1. pas au niveau des discussions ? / vous en étiez où ?
Ch6. bon en latin euh / j'ai arrêté en troisième j'ai fait deux ans de latin / j'aurais

peut-être dû continuer en seconde / puisque c'était possible encore / et euh finalement /
E1. mais vous aviez un niveau / en latin vous aviez un niveau / moyen ?
Ch6. oui moyen oui moyen oui / non c'est / j'ai un latin qui me permet de comprendre les quelques maximes que j'utilise encore / les quelques formules que j'utilise encore mais // je serais plus capable de faire des versions ou des / voilà
E2. si je vous dis le mot "Calandrettes" aujourd'hui ça veut dire quoi pour vous ?
Ch6. euh / ah la définition exacte c'est petit oiseau mais je sais même plus lequel / mais euh
E. mais plutôt de ce qu'il vous en reste
Ch6. ah pardon / ah oui / ah ben c'était une expérience euh intéressante c'était / j'ai le sentiment d'avoir eu / une scolarité primaire DIFFERENTE des / des autres et donc euh / non je suis content d'avoir découvert ça pendant un moment j'aurais préféré avoir une scolarité comme les autres euh / classique / dans une école primaire ben justement parce que j'étais euh parce que j'étais quand même différent sans être moins bon meilleur ou / euh / j'étais quand même // enfin j'avais pas eu la même EXperience de / de l'école primaire donc / j'ai oui / je / mais finalement non c'était / tout aussi intéressant
E1. ça vous a gêné à quel moment / quand vous étiez en primaire ou quand vous êtes arrivé en sixième?
Ch6. quand je suis arrivé en sixième et que je me suis rendu compte que / que c'était quand même diffèrent // que c'était // PENdant le / la scolarité en Calandrette on euh / on avait des contacts qu'avec / les écoles Diwan / les les Catalans qui ont aussi euh / bon les Catalans c'était peut-être moins vrai mais / qui ont aussi des scolarités particulières mais je me rendais pas compte que / dans les autres classes c'était / l'enseignement était différent
E1. et qu'est-ce qui qu'est-ce qui vous semblait différent ou qu'est-ce que vous auriez/ qu'est-ce que vous regrettiez à l'époque
Ch6. euh j'aurais PROBABLEMENT mieux appris la discipline / ce ça paraît / mais les autres élèves me paraissaient très obéissants très / j'étais / j'étais pas un chamailleur mais / enfin ils avaient quand même / ils étaient habitués à être vingt cinq par classe alors que nous on était trois dans ma classe Ch2 et Cf1 / donc / enfin ce genre de détail mais j'ai aussi fait beaucoup de voyages alors que EUX ne faisaient donc très peu de voyages ou même pas du tout en enfin il y a / c'est pour ça que j'ai / PESÉ le pour et le contre entre guillemets et finalement je me suis rendu compte que c'était / tout aussi intéressant
E1. / pour maintenant justement vous mettriez quoi et contre vous mettriez quoi
Ch6. ah bon / pour / la / l'ouverture d'esprit / le // la diversité des / des matières traitées la manière dont on les traite aussi mais / on a quand même une approche de / c'est pas de la biologie mais c'est de / de la découverte / je me souviens plus très bien des / des langues aussi tout ce dont on parlait les voyages tout ça qui est différent donc tout ça c'est intéressant on avait aussi tout

un tas d'activités extrascolaires comme le vin toutes ces / enfin tout ça ça nous a vraiment euh éveillés / c'est pour ça que l'on a eu une scolarité différente voilà mais en contre voilà euh le la discipline / sans être un tenant de / du strict respect de / mais bon quand même le / oui la notation sur vingt par exemple euh moi au début en sixième je connaissais pas donc puisqu'on avait que des couleurs des punaises / donc on changeait de punaise au tableau // donc / tout ça c'est il faudrait peut-être que le / que la différence soit mieux expliquée enfin que le / pour que le passage en entre CM2 et la sixième soit plus facile / il faudrait peut-être qu'on / que cette différence soit valorisée enfin je crois

E1. préparer un petit peu les enfants ?

Ch6. oui oui / c'est probablement le cas d'ailleurs maintenant mais bon / non? voilà

E2. de que me podetz dire de la ligason entre lo regent e los escolans dins l'encastre des Calandretas?

Ch6. je vais répondre en français [rire] si vous voulez / mais euh / ça aussi effectivement ça m'a vraiment marqué au passage en sixième euh c'était très euh/ c'était pas familial fraternel mais c'était euh / on était très proches / on était euh / Rh qui moi m'a suivi pendant / euh pendant 5 ou 6 ans de la grande section CM2 / on était vraiment / enfin on a fini par très bien se connaître et donc / oui on se // oui on finissait par très bien se connaître et ensuite quand il a fallu appeler les professeurs Monsieur ou Madame ou Mademoiselle enfin ça aussi c'est une différence qui est / qui m'a /

E2. e coma era l'ambient entre los escolans entre eles ?

Ch6. euh euh / non / on s'est toujours euh / oui c'est vrai on était plus proches aussi / on était / on faisait des voyages / euh on faisait on avait tout un tas d'activités ce qui faisait qu'on / on était ensemble bien plus souvent que ne le sont euh / des écoliers d'une école / normale entre guillemets / et / et donc on était oui / euh / on était amenés à faire beaucoup de choses ensemble et à c'était presque comme / enfin Ch2 j'étais très souvent chez lui il était très souvent chez moi enfin on // ouais on était plus proches / ça a changé aussi ensuite / en sixième

E1. est ce que vous vous souvenez de la langue qui était employée par les élèves dans la cour ?

Ch6. euh / ouais c'était proba probablement un mélange des deux / mais euh/ non ça devait être l'occitan / au début quand on était peu nombreux / parce que / j'ai aussi assisté à / l'explosion du nombre de d'élèves plus plus ça allait plus il y en avait / mais vraiment enfin ça m'a / quand on a changé quand on a déménagé je sais pas si vous connaissez l'histoire à Béziers on a déménagé plusieurs fois / et donc euh au début il est certain qu'on parlait occitan parce qu'en plus / on était su / accompagné pendant les / les récréations surveillés et donc euh là les surveillants jouaient avec nous donc on parlait / on parlait occitan mais / ensuite je pense que c'était français parce que / le nombre a fait que / ouais l'occitan était pour les heures de cours et pendant les récréations / voilà c'était français / je sais pas pourquoi mais / je sais pas

E2. est-ce que vous vous souvenez de la part associative et de l'implication des parents dans l'école?

Ch6. oui / euh c'est vrai que ça aussi c'était euh c'était marquant euh / il a fallu toujours participer organiser / euh les euh les voyages les lotos les goûters les les sorties les visites donc il y a toujours eu l'implication des parents oui pour les trajets et pour / ouais c'est vrai que c'était surprenant par exemple ça ça y est pas non plus dans le / les écoles traditionnelles et on est pas amenés à rencontrer les / parents des autres enfants alors que là / on connaissait quand même bien un certain nombre de parents / et même le samedi matin souvent / je me souviens le / on décidait de partir chez l'un ou chez l'autre pour le week-end au dernier moment comme ça / à onze heures quand les parents venaient nous chercher c'était euh le piège / on disait bon mais je vais chez chez un tel et on se retrouvait pour le week-end donc c'était différent comme /euh voilà

E2. mais il y avait pas un petit côté enfin / très étouffant se retrouver toujours en /

Ch6. si c'est pas impossible mais euh // non je l'ai pas / moi j'ai fait du scoutisme en plus très tôt donc / en CM1 je / je crois que c'était en CM1 je / partais un week-end sur deux / avec des des / des gens de mon âge mais qui venaient de de milieux radicalement différents / des écoles privées enfin des / donc j'avais une ouverture je m'évadais différemment quoi / voilà

E1. et vous avez / il y avait des des différences justement quand vous étiez scout que vous remarquiez que vous X un petit peu la scolarisation

Ch6. ouais mais / maintenant que j'y pense on parlait pas de l'école le week-end et donc

E1. dans les dans les attitudes peut-être ?

Ch6. ouais / euh / peut-être / encore que comme ils venaient d'écoles privées je pense qu'ils étaient très entourés / je pense que euh / ça joue aussi qu'ils avaient un univers familial enfin / et et scolaire qui fait que ils étaient / normaux / non on était pas tellement / différents non

E1. et en et par exemple est-ce qu'ils avaient une discipline / ils avaient plus de discipline que vous à cette époque?

Ch6. ah ouais ouais ouais / ouais / mais bon c'était / c'était très joyeux quand même quoi ça a été /

E1. et qu'est-ce que ça vous a fait ce / j'aimerais revenir un petit peu là-dessus / justement ce / la la la DIScipline qu'il y a eu / comment comment vous l'avez vécue euh / ?

Ch6. oh BIEN j'ai su euh j'ai su euh comprendre que c'était euh / que c'était euh NÉCEssaire et euh / c'est / j'étais pas frondeur non plus c'était pas /

E1. non c'était pas votre caractère

Ch6. non voilà/ c'était pas compliqué mais simplement euh c'était quand même marquant de voir / que / il fallait pas chahuter euh pendant les intercours / euh que bien souvent on attendait le professeur avant de rentrer en classe enfin toutes ces euh / qu'il fallait se lever quand euh le professeur euh / même si ça a vite été abandonné euh/ il y avait quelques vieux professeurs qui qui tenaient à ça mais / bon quand il a fallu le faire pour la première fois euh / quand il a fallu s'adresser aux profs euh la première fois / j'avais d'abord regardé comment faisaient / les autres pour euh / pour pas faire de bêtises

E1. d'accord un peu comme si vous arriviez dans un pays étranger ?

Ch6. presque / mm/ presque

E1. et cette discipline c'est quelque chose qui vous a euh / c'était plutôt agréable en fait qu'il y ait cette discipline ou c était plutôt désagréable ?

Ch6. non je sais pas j'ai pas vraiment euh / c'était peut-être un peu un peu euh désagréable mais / on était tous euh / enfin pour les garçons de mon âge aussi quoi c'était pas / je pense pas avoir été euh particulièrement euh / mais non

E1. ça vous a pas choqué ?

Ch6. non non non

E1. ça vous a pas traumatisé ?

Ch6. non j'ai compris que c'était / normal

E1. et ça a pas été non plus un GROS soupir de soulagement / de trouver / ça ? c'est pas quelque chose qui vous manquait ?

Ch6. non parce que j'avais toujours réussi à / travailler/ correctement euh/ et à être / non / à avoir un contact facile et pas / non j'ai pas eu de problème le/ c'était pas de l'indiscipline mais enfin le / l'ambiance euh / plus décontractée / de la Calandrette ne m'avait pas euh / porté préjudice enfin ça avait pas été euh pour moi / je pense que pour certains euh / ça les aide PAS à / se mettre au travail et à comprendre euh / quelles sont les priorités / je pense que / ça a été remarqué d'ailleurs / mais euh / non ça ne m'avait pas posé de problème non

E1. d'accord / donc c'était plutôt "bon je débarque / dans un pays étranger" /?

Ch6. voilà oui oui oui oui / et puis ensuite ça m'a pas / je fais du droit maintenant donc je peux pas non plus / voilà

E1. et le système de notation ? quand vous êtes arrivé à ce système–là donc ? mis à part cette différence ? est-ce que ça vous a choqué est-ce que ça vous a plutôt plu déplu ? cette manière de fonctionner qui est / très différente / qu'est-ce que vous en avez pensé ?

Ch6. euh je pense que ça facilite la la compréhension du niveau euh de ce qu'on VAUT entre guillemets de ce que euh des progrès qu'on a à accomplir euh les couleurs ou les ceintures c'était euh je sais / si on était à vert foncé ou marron enfin je sais plus exactement mais bon / on se disait / je je suis bon j'ai plus à chercher à progresser / d'ailleurs je crois qu'il y avait de / qu' il y avait plus rien après je sais plus exactement mais / enfin ça / on SAVAIT PAS que / qu'il fallait arriver à telle note / à tel enfin le le / le la différence entre bon et mauvais était pas signifiée elle était pas / puis on voyait quand même que ceux qui étaient en bas ils étaient / ils avaient des progrès à accomplir mais / euh / on voit MIEUX la différence maintenant entre 13/20 15/20 et 17/20

E1. oui ça vous donne une direction pour pour avancer ?

Ch6. voilà ouais même si les notes ne sont pas toujours utilisées correctement par les profs non plus et euh mais bon on apprend à connaître chaque prof et on sait qu'un 8 avec un tel vaut un / enfin / voilà mais on / on a quand même des repères plus simples que euh vert clair vert foncé voilà

E1. d'accord / et pour les élèves / euh vous aviez de bonnes notes ou ? moyennes ou bonnes je suppose ?

Ch6. oui bonnes oui

E1. et pour les / pour les élèves qui qui qui ont de moins bonnes notes est-ce que vous pensez que le / est-ce que ce système de notation vous avait / paru / pertinent ou vous pensez que les ceintures étaient plus adaptées ?

Ch6. euh non je pense que le / le système de notation sur vingt est plus / plus adapté / parce qu'il fait prendre en compte les enfin / réagir quoi

E1. oui voir où on en est ?

Ch6. voir où on en est / les COUleurs euh quand on passait d'une année à l'autre euh du CM1 au CM2 on repartait pas euh à zéro/ je crois / on repartait pas à / en blanc ou en jaune / on restait en vert foncé si on était en vert foncé il nous restait plus qu'avoir euh marron clair et marron foncé / bleu il y avait le bleu quelque part voilà il y avait du bleu // enfin il restait euh / voilà la progression était très / pas bien signifiée / alors que je pense que si on était repartis / euh à blanc / on aurait mieux compris qu'il fallait remonter jusqu'à marron

E1. donc quelque chose de beaucoup plus gradué ?

Ch6. voilà

E1. donc repartir à blanc ?

Ch6. gradué et plus voilà / "j'ai encore à apprendre" parce que quand on est en bleu / euh on a le sentiment euh de de d'avoir un bon niveau / bon c'est peut-être / moi qui euh

E1. non c'est une perception justement oui qui est possible oui oui / d'accord / est est-ce que les / les notes / le système de notes introduit quelque chose de l'ordre de la compétition entre élèves ?

Ch6. ah oui / oui certainement / mais là encore moi j'y étais pas habitué non plus/ parce que bon on était trois et même si on avait été plus nombreux c'était quand même joyeusement euh / enfin il y avait pas beaucoup de / oui voilà on était / décontractés on était pas stressés par les notes et par les résultats alors que là quand même en sixième effectivement on était important d'avoir euh il y avait les bulletins / tout était / il y avait tout un cérémonial autour du conseil de classe / des / des résultats / des contrôles quand le prof rend les trente contrôles et donne les notes les uns après les autres et qu'on sait pas si on est au milieu du tas ou / au-dessous du tas / ou sur le haut du tas / là effectivement tout cela on a découvert et / JE l'ai découvert et c'était euh / et oui mais le le bulletin qu'on reçoit par courrier aussi alors que en Calandrette c'est les parents qui viennent voir le prof en fin de journée une fois les cours terminés / mais justement en raison de la / du lien entre le la part associative et le prof tout ça est décontracté enfin il il faudrait qu'ils travaillent un peu plus mais bon / c'est / c'est gen / enfin oui c'est oui / il y a pas autant de / de ouais / de cérémonial / enfin bon // ça se voit dans les rencontres parents prof d'ailleurs en plus / aussi / quand nous on a découvert les rencontres parents prof euh j'étais l'aîné et il a fallu aller rencontrer chacun des professeurs et moi qui restais un pas en arrière pendant que mes parents s'entretenaient avec chacun des professeurs c'était / euh / c'était quand même SURPRENANT par rapport à au prof unique Rh qu'on tutoyait presque qu'on tutoyait même

E1. et vous aviez droit d'être d'être loin ou pas loin/ en Calandrette / pendant qu'ils discutaient ?

Ch6. oui oui oui et puis on savait ce qu'on se disait c'était quand même beaucoup plus responsabilisé euh je pense qu'on était quand même euh plus mis en valeur/ c'était une relation à trois il y avait les parents les profs et / et nous c'était vraiment / on nous faisait comprendre que / qu' il fallait progresser ou que c'était bien ou qu'il y avait tel point euh / PAS uniquement dans les matières scolaires d'ailleurs plus le comportement dans le euh / le rapport aux autres tout ça c'était quand même puisqu'on était aussi notés sur les / je me souviens il y avait les punaises de comportement il y avait euh / ouais ça existait ça donc [rires] on était notés enfin notés / on était évalués euh voilà quand même / donc tout ça ça fait que ouais / c'est différent quoi au collège il y a plus euh / il y a simplement de des des heures de colle ou des exclusions mais il y a plus cette / relation à trois où / on se rencontre fréquemment et on fait part de euh / des problèmes

E1. donc ça induit une autre attitude de l'élève?

Ch6. oui je pense oui et plus / plus autonome peut-être / enfin plus

E1. mm en Calandrette ? ou en collège ?

Ch6. euh / euh les deux finalement / en Calandrette parce qu'on / PLUS responsable en Calandrette / et euh / PLUS DIStant euh au collège / parce que les parents ne rencontrent les profs euh qu'une ou deux fois par an / et que euh qu'ils se rencontrent oui voilà / ils se voient pas à la fin de la semaine / ils participent pas à tant d'activités donc / donc finalement / tout passe à travers nous / au collège / par le carnet de liaisons qu'il faut présenter enfin par tous ces / alors qu'en Calandrette euh / c'était toujours enfin euh ça pouvait ne pas passer par nous //

E1. d'accord

E2. est-ce que vous voulez dire que vous manquez de parole / au niveau collège / ou tout au moins par rapport à la communication?

Ch6. euh // oui / c'est pas impossible qu'il manque euh / un lien / enfin une oui la même responsabilisation le même / le même CONStat des des carences et des points forts de l'élève et euh / il y a pas autant de / il y a pas autant d'évaluation euh au collège / en Calandrette on est quand même / il y a plus de / il y a des objectifs alors que simplement au collège / ça suit son cours tranquillement et / les notes tombent / régulièrement / euh voilà et /

E2. est-ce que vous vous souvenez pour quelle raison vos parents vous avaient inscrit en Calandrette?

Ch6. ah il faudrait le leur demander je pense que ça serait très très / très intéressant mais je pense que ça part plus d'une démarche militante / sans qu'on / enfin papa est quand même très / très au fait de de toutes ces initiatives-là et et donc je pense que j'étais même / il me l'a répété plusieurs fois j'étais même inscrit avant être né presque / parce qu'au début il a fallu / euh monter euh les Calandrettes et / et prouver qu'il y avait suffisamment d'élèves et je crois que j'étais même / enfin les parents étaient dans le / dans le réseau avant même que que je ne sois là donc / et puis je faisais partie de la je sais plus de la deuxième ou troisième / génération troisième je crois ou quatrième donc on a vraiment participé très tôt à / à l'élaboration du système et des des méthodes et aux premiers essais et aux premiers / donc c'est une démarche militante je pense voilà et puis une volonté de / d'essayer quelque chose de / différent

E1. c'est plus par rapport justement à la pédagogie qui était différente ou plus par rapport à l'occitan?

Ch6. par rapport à l'occitan je pense beaucoup / la pédagogie je sais pas s'ils étaient / conscients au début que ça allait que ça allait être radicalement diffèrent d'abord parce que j'ai pas de / de grand frère ni de grande soeur j'ai pas de je suis l'aîné donc ils avaient pas pu confronter différentes expériences quoi on a comme on est tous passés par le moule Calandrette on peut pas / vraiment non plus / être objectivement / conscient des différences quoi donc /

E1. mais ils étaient plus intéressés

Ch6. par l'occitan l'ouverture oui oui oui

E2. et après lorsque vous avez quitté les Calandrettes est ce que vous aviez l'opportunité de parler la langue / soit avec des grands parents soit avec vos frères et soeurs?

Ch6. euh non pas avec mes grands parents mais avec mes frères et soeurs parce qu'ils ont continué / justement / et que ma soeur a quand même sept ans de moins que moi et donc elle a / terminé sa scolarité en Calandrette il y a trois ans maintenant / donc on a continué et euh / et avec mon père mais très peu / à la maison comme maman le comprend pas euh / on / évite finalement donc je l'ai PEU parlé ensuite

E1. et avec votre soeur ou votre frère?

Ch6. ouais ouais

E1. vous parlez des fois ou ?

Ch6. ah non plus maintenant autrefois un tout petit peu peut être mais / pas très longtemps et puis comme ensuite je m'en suis détaché euh / au fur et à mesure des années du collège / il y a eu des voyages on a organisé des voyages les anciens ont participé aux voyages des / des classe euh / mais ensuite non il y a plus eu de / il a fallu que je m'y remette pour le bac et c'est tout et encore c'était même plus du languedocien c'était du béarnais et donc j'étais complètement / désorienté et ça a été / difficile ça aussi

E1. et ça c'était difficile de passer au béarnais?

Ch6. ah ouais ouais ouais ça j'ai euh / il a fallu que je m'y remette en moins d'un an il a fallu / tout réapprendre ou presque parce que qu'on le veuille ou non et je sais que ça fait grincer des dents entre guillemets il y a des gens qui ne comprennent pas qu'on puisse dire que c'est différent c'est quand même différent je l'ai vraiment vécu et euh / et c'est vraiment non c'est pas et ça d'ailleurs je le disais à la réunion en septembre / je euh comprenais pas pourquoi on pouvait pas passer du languedocien au bac euh / à à Pau / enfin passant le bac à Pau j'ai pas compris pourquoi on pouvait pas passer en languedocien / enfin pourquoi il y avait pas un prof capable de me noter en languedocien / enfin je m'en suis bien sorti en béarnais mais j'aurais encore gagné trois points euh en / passant en languedocien parce que là j'aurais vraiment voilà et puis voilà

E2. es qu'a l'ora d'ara avetz l'oportunitat de d'ausir de musica occitana?

Ch6. euh oui / oui un petit peu mais je sais pas si c'est vraiment / de la musique occitane traditionnelle c'est un peu c'est des groupes / euh contemporains qui euh qui utilisent l'occitan plus / comme euh pas un jargon mais enfin c'est les Fabulous Trobadors ou les Massilia comment s'appellent euh Sound System enfin il y a des voilà c'est vraiment contemporain et c'est plus une blague qu'autre chose enfin c'est pas de l'occitan académique donc sinon oui je pourrais écouter toute la discographie de tous les auteurs occitans mais / non / j'en prend pas le temps

E2. e en rapport ambe la lectura a l'ora vos agrada de legir o de trapar de causas en occitan o pas brica?

Ch6. euh / oui non ça me dérange pas mais je j'en ai pas le le réflexe mais / mais quand il le faut oui je oui oui je me plais à lire un article ou euh à écouter à la télévision / des reportages il y a des émissions je crois le dimanche matin il m'arrive de tomber dessus et oui ça non je me justement je me m'intéresse pendant cinq minutes pour voir si j'en suis encore capable et euh

E2. et lo mot occitan de que vòl dire per vautre?

Ch6. ah/ euh euh/ une culture et une langue / en voie de disparition presque mais euh / mais qu'on essaye de / de conserver / et et / et de moderniser mais pas suffisamment à à mon avis / je vois justement par cette confrontation entre le béarnais et le languedocien/ j'ai quand même là eu le sentiment que l'occitan euh c'était vraiment abstrait euh et que dans la réalité euh il y avait le provençal le languedocien le / le gascon le béarnais et puis il y a même à l'intérieur du gascon / enfin j'ai vraiment là eu le sentiment que finalement l'occitan bon c'était / euh ça restait très très symbolique c'est peut être / une volonté de de d'impressionner en disant que c'est la moitié de la France que c'est euh mais finalement / on est tous très différents du Béarn à la Provence on est tous très / final / malheureusement parce que / en faisant un tout petit peu d'effort / en se s'ouvrant un petit peu plus euh on parle quand même la même langue je comprends aussi ceux qui disent que c'est la même langue / c'était la même langue et ça pourrait être la même langue si si on arrêtait de compliquer / parce que moi j'ai quand même le sentiment que les béarnais compliquent /

E1. c'est à dire?

Ch6. euh ils parlent une langue qu'ils / mettent des des "*que que que que que*" euh à tout bout de champ euh enfin c'est vraiment euh / on comprendrait tout aussi bien euh s'ils la simplifiaient un tout petit peu d'ailleurs au début des cours avec l'enseignant qui nous faisait cours en terminale / moi j'expliquais que je parlais languedocien j'avais essayé de / m'y remettre un peu pour pas / débarquer euh sans rien et donc euh on se comprenait je LE comprenais et il me comprenait mais il m'a fait comprendre qu'il fallait que je complique mon ma langue j'ai quand même l'impression que le béarnais c'est / c'est compliqué quoi parce que finalement bon / on se comprend quand même non? / bon c'est // le languedocien c'est le pour moi le tronc commun ce que tout le monde pourrait comprendre / et autour de ça on complique / par volonté politique ou je sais pas culturelle un peu le / les Béarnais je les ai quand même sentis très / très renfermés très euh // une volonté de // de développer ça / c'est certain mais à au sein du Béarn quoi / euh ils cherchent pas à faire l'effort de s'ouvrir et de // d'ailleurs j'ai vu parce que S a fait ses deux dernières années euh voilà euh elle a fait CM1 CM2 euh en Calandretta béarnaise donc pour elle ça a été encore plus euh / difficile mais bon elle s'en est bien sortie / et euh j'ai vu à travers ça qu'ils font beaucoup moins d'efforts pour voyager / euh pour / découvrir les autres / dialectes si c'est des dialectes / languedocien provençal enfin vraiment elle a / elle pourrait le l'expliquer mieux que moi mais / euh y'a beaucoup moins d'ouverture elle a pas elle a pas quitté la France elle a pas/ elle a tout juste appris un peu l'anglais enfin / je sais pas les les esprits sont pas les mêmes

E1. est ce qu'elle a eu des difficultés pour passer de l'occitan au béarnais justement enfin du languedocien au béarnais ?

Ch. ouais ouais je pense ouais qu'il y a eu un moment de

E1. on doit la voir on en profitera mais sinon euh

Ch6. ouais ouais ouais ah ouais je pense que il y a eu un moment / où elle était un peu / pas perdue elle en il a fallu travailler /elle en a fait l'effort aussi par des livres par des / par une une immersion oui et / dans le béarnais mais ///

E2. peut être pas au niveau de l'oralité mais par rapport à l'écrit

Ch6. oui voilà c'est surtout oui oui // même à l'oral c'est pas évident non plus / c'est quand même euh la prononciation est radicalement diffe c'est pour ça que je disais c'est compliqué euh / enfin /

E1. et il lui a fallu longtemps pour euh //

Ch6. non je crois pas et mais //

E1. genre deux mois genre une année ?

Ch6. non un bon trimestre quand même probablement euh / peut être jusqu'aux vacances de Noël et puis ensuite ça s'est bien passé mais euh / non je peux pas dire non plus non mais elle s'en est bien sortie je crois même très bien / elle s'en est bien sortie / il y avait moins d'activités euh / à l'extérieur de l'école je crois j'ai quand même le sentiment que / ils organisaient moins de / d'activités / pour développer les liens entre le les élèves et les elle avait beaucoup d'amies à Béziers et elle en a eu quelques unes à Pau c'est pas un problème mais moins

de / de séjours chez les copains les //
E2. qu'est ce que vous pensez des gens qui qui appellent l'occitan patois?
Ch6. // euh ben dès que je peux je rectifie / dès que je peux je le le je leur leur fait savoir que que c'est pas un patois que c'est plus compliqué que ça mais euh / mais je les comprends aussi parce que / bon euh / c'est une méconnaissance / d'une réalité / culturelle et euh enfin ça c'est / pas légitime mais c'est compréhensible finalement euh je pense qu'une fois qu'on a fait la remarque euh si c'est des gens euh cultivés et intéressants euh ils feront attention c'est simplement euh / qu'il faut rectifier et faire comprendre que ça existe aussi tout le monde est pas / c'est ce qu'il a fallu faire en sixième pour moi par exemple il a fallu expliquer que / c'était pas seulement ce qui parlaient les grand parents quand ils habitaient à la campagne quoi / à mes camarades c'était ça qu'il fallait dire c'est que c'était quelque chose de vivant et qui continuait de de se de se perpétuer et de sinon se développer au moins se conserver voilà
E1. si vous deviez promouvoir la langue occitane l'occitan euh est ce que vous pourriez donner des bonnes raisons d'étudier l'occitan aujourd'hui?
Ch6. enfin / oui l' l'ouverture / euh que ça apporte euh euh / aux enfants enfin l'envie de de découvrir des euh des des idées et des manières de penser différentes / je pense surtout euh l'envie de découvrir d'autres cultures euh quand on va à à l'étranger c'est pas seulement / euh enfin c'est c'est c'est différent voilà / quand on va à Barcelone on y allait souvent et euh enfin on sentait bien que euh c'était un peu le même phénomène euh même si c'est beaucoup plus euh beaucoup plus mis en valeur et le catalan c'est quand même là-bas / enfin ça participe d'une / d'une démarche plus importante mais c'est voilà / ça démontre bien qu'y a quand même du travail et que c'est pas simplement euh / euh c'est pas simplement une volonté de / je sais pas comment dire de de euh c'est pas de l'occitan pour de l'occitan c'est de l'occitan euh pour // voilà / je ne sais pas comment dire // non c'est pas //
E1. si je reviens sur vos définitions [rire]
Ch6. non je sais pas c'est euh c'est plus qu'une langue mais c'est euh une vrai culture et une vraie manière de voir euh c'est ça qui faut dire et euh/ faire comprendre et je pense que ça ça justifie une scolarité ou euh / sinon toute une scolarité au moins euh une un temps passé / à apprendre la culture sinon la langue / au moins la culture il devrait y avoir dans toutes les écoles primaires / une un enseignement sur le la culture / sans sans que ça soit sur la langue forcément parce qu'on est pas non plus / obligé de contraindre les euh les parents corses à faire apprendre le corse à leur enfants / ou euh mais voilà donc euh mais simplement leur apprendre QUE il y a une culture corse puisque c'est le problème de leur île / ça s'est pas fait dans les écoles voilà
E1. mm mm
Ch6. voilà
E1. oui ça permet de mettre en avant d'autres des éléments justement je sentais que ça allait arriver et et euh bon pour revenir sur le patois et l'occitan comment

vous définiriez le le patois et comment vous définiriez l'occitan ?
Ch6. alors je sais pas si c'est exact ce que je vais dire mais pour moi le patois c'est euh / c'est ce que parlent justement les anciens dans les villages sans l'avoir vraiment jamais ni écrit ni euh / correctement prononcé ni ni vraiment euh / sans avoir reçu d'enseignement euh académique / de la langue c'est euh c'est oui voilà / c'est plus des des expressions euh / enfin c'est jamais très construit comme propos d'ailleurs généralement c'est plus euh / on sent souvent quand on les écoute que ça part dans tous les sens qu'ils mélangent un peu euh / des influences / qu'ils ont reçues oui euh de leurs parents de leurs voisins de leurs enfin on sent quand même que ce n'est pas un langue / académique quoi que c'est / un mélange
E1. mm mm académique ?
Ch6. enfin que c'est euh ils l'ont pas appris dans des livres ils l'ont pas / entendu d'un professeur quoi ils se sont fait leur propre
E1. par la pratique
Ch6. par la pratique voilà / ils ont pas une syntaxe très toujours très / alors si c'était pas nos aînés on les reprendi ait presque je crois
E1. mm mm
Ch6. voilà je pense même que c'est arrivé d'ailleurs je sais pas/ mais bon
E1. d'accord et donc et est ce que c'est / vous avez dit que c'était quelque chose un peu différent donc j'ai du mal à analyser vous avez dit que c'était des expressions à un moment mais après vous avez dit que c'était aussi une manière de parler / alors est ce que c'est un ensemble d'expressions ou est ce que c'est un langage une langue?
Ch6. ben je dois dire qu'en fait j'ai pas eu beaucoup l'occasion enfin mes grand parents ne le parlaient pas euh j'ai pas été comme certains euh / des *calandrons* baigné là dedans euh en permanence donc pour moi
E1. oui voilà pour vous
Ch6. voilà pour moi le patois c'était euh / c'était ça des expressions de temps en temps ou au café des des des oui c'était pas un propos construit / même si peut-être effectivement dans certaines familles euh c'est la langue euh / utilisée euh en permanence et qu'elle est peut être là plus euh plus
E1. oui
Ch6. plus construite plus / développée pour moi le patois c'était des expressions euh
E1. et c'est toujours
Ch6. oui je pense / mais moi j'ai moins de contact /
E1. oui mais justement oui voilà avec votre pratique votre expérience comment vous le voyez avec votre expérience après chacun X
Ch6. X sur les marchés et voilà sur les places de villages quand on voyage et qu'on mais il y en a de moins en moins quand même de ///
E1. oui des gens qui parlent patois / d'accord / et et l'occitan vous le définissez comment ?

Ch6. l'occitan mais c'est euh la/ la multitude des langues régionales // euh mais / euh mais correctement euh construites et enfin c'est ce que je disais académiques en fait c'est / voilà / c'est voilà structurées enseignées / de manière scolaire

E1. je vous interroge un peu parce qu'en tant que linguiste en fait il y a deux choses différentes il y a le fait de d'enseigner dans ce que vous appelez académique j'arrivais pas vraiment à voir alors il y a le côté enseigner une langue qui s'enseigne et il me semblait aussi que vous mettiez dedans le côté d'une langue très structurée construite

Ch6. oui oui oui voilà

E1. c'est pour ça que je cherchais à voir un peu

Ch6. qui qui est / qu'on peut travailler à partir de manuels à partir de méthodes cassettes enfin qui euh

E1. donc ça c'est l'occitan

Ch6. ça c'est l'occitan parce que c'est euh / oui

E1. parce que voilà il est enseigné

Ch6 . ça participe d'une démarche ah ouais voilà

E1. d'accord et c'est en ça qu'il s'oppose au patois

Ch6. il s'oppose pas parce que le patois en fait / tout de même partie mais / et euh c'est difficile l'occitan c'est à la fois ça et à la fois la globalité des patois et / et des langues enseignées

E1. d'accord donc l'occitan c'est aussi voilà c'est aussi dans votre idée hein dans votre vision voilà ce qui nous intéresse nous parce que les différentes visions que vous pouvez avoir ex-*calandrons* que vous êtes avec des vécus très différents par rapport à l'occitan hein voilà donc l'occitan c'est d'un côté cette langue académique enseignée

Ch6. CES langues académiques parce que c'est quand même euh

E1. voilà c'est toutes ces langues avec le languedocien

Ch6. le languedocien le béarnais le provençal le gascon / euh on pourrait même ajouter / le bigourdan si on voulait euh le

E1. le champenois ?

Ch6. voilà le le Val d'Aran je sais pas comment on pourrait l'appeler / l'aranais enfin on pourrait vraiment aller très loin ce que je trouve / dommage même à la limite mais euh voilà donc ça c'était l'occitan et le patois c'est euh / à l'intérieur de toutes ces langues-là / chaque village chaque famille qui développe euh

E1. un patois

Ch6. oui voilà un patois euh

E1. d'accord donc dans par exemple dans l'occitan languedocien je vais avoir plusieurs aussi je vais avoir aussi euh /

Ch6. oui le sétois oui le biterrois et même euh / et même euh même à l'intérieur du biterrois euh / chaque quartier presque autrefois probablement et / et chaque famille et CHACUN en fait finalement parlerait un patois c'est chacun qui fait son patois plus qu'autre chose quoi

E1. d'accord ça individualise / donc je continue est-ce que si je mets tous les petits patois languedociens ensemble est ce que tous ces petits patois-là sont l'occitan du Languedoc?
Ch6. ah non / parce que l'occitan du Languedoc ça reste quand même / l'occitan du Languedoc enseigné // enfin par ceux qui l'ont appris / et qui savent l'enseigner tel qu'il doit être / tous les petits patois agrégés ça ne fait pas un un bon languedocien ça fait un bon entre guillemets / ça fait un languedocien mais c'est pas celui euh
E1. donc en Languedoc en enfin j'ai / l'occitan qui est enseigné et j'ai les patois languedociens qui sont non enseignés qui sont parlés
Ch6. qui sont / transmis
E1. d'accord
Ch6. d'ailleurs je crois que Rh le disait je me souviens au Congrès il expliquait que lui euh il parlait pas euh ni languedocien ni provençal enfin il avait euh un occitan qui était le mélange de tout ça c'était ce que je trouvais intéressant et c'était ce que je voulais dire quand je disais que que le le Béarnais cherchait à compliquer que chacun cherchait à compliquer son son dialecte / Rh expliquait que / lui il avait une langue que tout le monde comprenait et que si chacun faisait l'effort d'avoir une langue que tout le monde comprenait euh/ on se comprendrait tous et on serait pas obligé de / d'apprendre une langue différente à chaque fois qu'on change d'académie voilà
E1. d'accord
E2. *va plan*
E1. est ce que vous vous avez des questions à me poser ou des choses à dire qu'on a pas X ?
Ch6. non euh // non non non / non je pense qu'on a tout dit euh / ça n'a peut-être rien à voir mais je regrette qu'il y ait pas une continuité dans le le lien des anciens avec avec Calandrette et c'est peut-être de ma faute aussi un peu finalement mais / euh c'est dommage qu'on ait pas réussi à garder / euh les contacts et je sais que bon les / les autres certains à Montpellier se sont retrouvés / parce qu'il venaient du même lycée parce qu'il venaient de l même ville et bon / mais pour moi qui suis / parti dans un collège différent puis dans une ville différente / je trouve dommage qu'il y ait pas euh une / une structure de / simplement une / un lien / entre tous // par exemple il y avait X qui avait un an de plus que moi / et je l'ai retrouvé sur Internet / il y a quelques années / comme ça et on a correspondu pendant quelques mois et bon il était parti lui aussi il était à Aix / enfin et on s'est retrouvés par hasard parce que j'ai reconnu son nom mais bon sinon on aurait eu / aucune occasion de / de se trouver c'est ce que je trouve dommage de pas / et je PENse que les autres langues savent le développer / quand on voit les Basques / j'étais à Pau / les Basques / ils sont quand même voilà les Bretons aussi probablement / X qu'ils ont un lycée et euh
E1. je ne sais pas
Ch6/ enfin il me semble qu'ils sont quand même beaucoup plus / au fait de ce /

enfin NOUS on a pas été sensibilisés euh à ce genre de / d'initiative / voilà // et on a pas non plus on a pas été non plus sensibilisés à la à la / à l'influence de la enfin de la langue et de la culture enfin on a pas été / quand je rencontre des Basques ils sont fiers de l'avoir appris ils sont fiers de / savoir le parler / ils sont fiers de leur culture / ils la REvendiquent / beaucoup plus que NOUS enfin que moi en tous les cas je ne le fais / on n'a pas / bon je pense que c'est le cas pour beaucoup / on s'est pas engagés à / sauf quelques-uns euh / je me souviens M me disait qu'elle a passé le X avec l'I. E. O. voilà / bon c'est particulier / moi j'en ai pas eu l'occasion parce que je savais simplement pas que ça se faisait / c'est ça que je trouve dommage c'est /

E1. sinon vous l'auriez fait par exemple ?

Ch6. probablement OUI ou j'aurais essayé de / oui / si j'avais pas fait ça j'aurais fait autre chose mais j'aurais / quand même / fait l'effort de continuer /

E1. donc il y a une difficulté de d'être informé de ce qui existe ?

Ch6. oui oui oui et de oui oui oui et de savoir qu'on a quand même finalement un rôle à jouer euh / sans être non plus l'effervescence de quoi que ce soit on est quand même représentatif de / oui de ce qu'on est enfin de /

E1. et ce n'est pas une notion qu'on vous a inculqué ?

Ch6. ah non je crois pas non / je crois pas

E1. bon ça c'est un petit regret que vous avez par rapport à / ?

Ch6. ah oui j'aurais bien aimé euh pouvoir / continuer à / oui à rencontrer / euh il y a pas de lien entre les anciens élèves et les nouveaux élèves moi je serais bien venu pour euh / c'est peut-être moi aussi qui ai pas / qui ai pas / fait la démarche mais / on a fait des / un voyage ensemble et puis ensuite on s'est tous euh / tous séparés /

E1. vous auriez continué à participer différemment mais un petit peu à à ce qui est l'occitan ?

Ch6. oui oui oui/ oui / et je / bon ça c'est peut-être même particulier euh / au Languedoc je pense qu'en Béarn euh / parce que j'ai rencontré euh des *calandrons* de / des Calandrettes béarnaises qui passaient le le Bac en même temps que moi et eux euh eux ils étaient encore dans le cercle euh occitaniste / bon ça tient peut-être aussi à l'influence familiale et à tout un tas d'autres / facteurs mais euh ils étaient quand même / ils participaient aux fêtes / ils participaient / il y a eu un congrès de /

E2. X

Ch6. voilà / en quatre-vingt dix-huit je crois ou quatre-vingt dix-neuf je sais plus

E2. euh deux ans

Ch6. voilà / donc LÀ ils ont participé / moi j'ai essayé d'y aller et j'ai pas pu mais euh / j'aurais bien aimé // voilà

E1. oui c'est intéressant comme problème

Ch6. oui / voilà

Table des matières

586179 - Novembre 2014
Achevé d'imprimer par

1livre.com
du rêve à la réalité !